MOEWIG
DOKUMENTATION

John Keegan

Der Fall Barbarossa

MOEWIG
Deutsche Erstausgabe

Titel der Originalausgabe: Barbarossa: Invasion of Russia 1941
Aus dem Amerikanischen von Wulf Bergner

Umschlagfoto: Süddeutscher Verlag
Fotos im Innenteil: Associated Press - Features International - Novosti - Pictorial Press - Paul Popper Ltd. - Sado Opera Mundi - Süddeutscher Verlag - Ullstein
Umschlagentwurf und -gestaltung: Franz Wöllzenmüller, München
Verkaufspreis inkl. gesetzl. Mehrwertsteuer
Auslieferung in Österreich:
Pressegroßvertrieb Salzburg, Niederalm 300, A-5081 Anif
Printed in Germany 1981
Druck und Bindung: Mohndruck Graphische Betriebe GmbH, Gütersloh
ISBN 3-8118-4308-7

Inhaltsverzeichnis

Hitlers Ostfeldzug beginnt

Einleitung von Barrie Pitt

Wahrscheinlich werden spätere Historiker den 22. Juni 1941 als das apokalyptische Datum im militärischen Kalender betrachten. Bis zu diesem Tag war noch kein so gewaltiges militärisches Unternehmen wie *Barbarossa* durchgeführt worden, weil die durch einen Feldzug dieses Ausmaßes aufgeworfenen Probleme von Organisation, Transport und Nachrichtenverbindungen bisher nicht lösbar gewesen waren.

„Wenn Barbarossa steigt", verkündete Hitler am 3. Februar 1941, „hält die Welt den Atem an und verhält sich still."

Das tat sie jedoch nicht, denn die Welt interessiert sich nicht sonderlich für Ereignisse außerhalb des privaten und beinahe aufs Häusliche beschränkten Lebensbereichs. Die Eröffnungszüge von *Barbarossa* stellten das größte Militärschauspiel seit den Ereignissen im August 1914 dar, und Westeuropa und Amerika verfolgten sie mit dem gleichmütigen Desinteresse, mit dem eine Viehherde einen vorbeirasenden Schnellzug betrachtet.

Selbst die militärischen Sachverständigen waren hauptsächlich damit beschäftigt, die Schwächung der deutschen Wehrmacht bis zum unvermeidlichen Zusammenbruch des sowjetischen Widerstands abzuschätzen, und als die gepanzerten Angriffsspitzen tief nach Rußland vorstießen, schien Hitlers prahlerische Behauptung, dieser Feldzug werde bis Weihnachten entschieden sein, keineswegs übertrieben zu sein.

„Wir brauchen nur die Tür einzuschlagen", hatte er seinen Generalen erklärt, „und der ganze morsche Bau bricht zusammen."

Als ein Tag nach dem anderen verging und die schwarzen Marschkolonnen immer weiter nach Osten vorankamen, schien die einzige Übertreibung, die in dieser Behauptung lag, die Anstrengung zu betreffen, die zum Einschlagen der Haustür nötig war. Dazu kam noch, daß die angesichts so rascher Vorstöße sich sonst bei Militärs regenden Zweifel diesmal ganz ausblieben. Hier schien es sich keineswegs um eine Serie geschickter taktischer Rückzüge zu handeln, durch die der Angreifer immer weiter in die Falle gelockt wurde, denn ganze sowjetische Armeen wurden eingekesselt und vernichtet.

Die Gefangenenlager waren bis zum Bersten überfüllt, und die weit ausholenden Umfassungsbewegungen der Panzerverbände ließen das Erdreich mit sowjetischem Blut getränkt zurück. Am 17. Tag nach Angriffsbeginn hatte allein die Heeresgruppe Mitte 300 000 sowjetische Gefangene gemacht und 2500 Panzer, 1400 Geschütze und 250 Flugzeuge erbeutet, während die deutsche Luftaufklärung ganz richtig feststellte, daß Hunderte von sowjetischen Flugzeugen am Boden zerstört worden waren.

Als die Heeresgruppe Mitte ihren Vormarsch an der Desna unterbrach, schöpfte der Westen deshalb aus dieser Tatsache nur wenig Hoffnung, denn sachverständige Beobachter konnten mit Recht annehmen, die sowjetischen Streitkräfte seien nun aufgerieben oder zumindest eingekesselt und die Deutschen seien mit Säuberungsaktionen beschäftigt, frischten ihre erschöpften, aber triumphierenden Divisionen auf und bereiteten den abschließenden leichten Vorstoß nach Moskau vor.

Die deutschen Truppen waren vielleicht etwas weniger optimistisch, aber andererseits brauchte ihnen die Lage durchaus nicht besorgniserregend zu erscheinen. Gewiß, der Iwan zog unmittelbar hinter der Front Verstärkungen zusammen und hatte sich bereits als verbissener Kämpfer erwiesen; es würde zweifellos noch zu schweren Schlachten kommen – aber der Sieg war um so befriedigender, wenn er hart erkämpft war, und konnte den Deutschen nicht mehr genommen werden. In zwei Wochen würde der Vormarsch weitergehen: mit ausgeruhter Truppe, aufgefüllten Munitionsbeständen und reparierten Fahrzeugen, die auf den unebenen, oft kaum vorhandenen sowjetischen Straßen sehr gelitten hatten.

Aber der Erfolg bringt ebenso unweigerlich Probleme mit sich wie ein Mißerfolg, und wie John Keegan in seiner Analyse des Dilemmas, vor dem Hitler jetzt stand, feststellt, wurden auf höherer Kommandoebene nicht mehr instinktiv die richtigen Entscheidungen getroffen. Hitler hatte bereits gesagt, die schwierigste Entscheidung des Krieges werde vielleicht die Frage betreffen, ob man nach dem Durchstoßen der Stalin-Linie nach Norden oder Süden abdrehen solle.

Zur Verblüffung der Männer an der Desna wurden sie jetzt ihres Stolzes und ihres Schildes beraubt: Sie verloren Guderians Panzergruppe 2, die sehr gegen den Willen ihres Führers nach Südwesten – zurück nach Kiew – beordert wurde, während die Panzergruppe 1 nach Norden entsandt wurde.

Damit begann eine weitere Serie von Kesselschlachten, in denen noch mehr Gefangene gemacht und noch mehr Kriegsmaterial erbeutet wurde, so daß der deutsche Sieg, nach Verlusten gerechnet, die größte Katastrophe der russischen Geschichte bedeutete – und zugleich den größten Einzelerfolg, den deutsche Truppen je errungen hatten.

Aber etwas anderes war unwiederbringlich verloren: Zeit.

Die Rote Armee

Unabhängig davon, welche anderen Motive Hitler für seinen Angriff auf die Sowjetunion im Juni 1941 gehabt haben mag, war ein Gedanke beherrschend: seine Überzeugung, dies sei eine leichte Aufgabe. „Wir brauchen nur die Tür einzutreten“, erklärte er Generaloberst Alfred Jodl, „und der ganze morsche Bau bricht zusammen.“

Was kann ihn zu solch einer krassen Fehleinschätzung seines Gegners bewogen haben, der damals bereits die größte Landmacht der Welt war, wie Hitler aus den Berichten deutscher Nachrichtendienste sehr wohl wissen mußte, die genau registrierten, wie viele Mann die Sowjetunion unter Waffen hatte und wie sie ausgerüstet waren? In seinen Reden und Schriften hatte er selbstverständlich stets die natürliche und unabänderliche Überlegenheit des Germanen über den Slawen behauptet, aber solche Gedankengänge waren ausschließlich zur Veröffentlichung bestimmt. Hitler hätte niemals zugelassen, daß sie seine Urteilsfähigkeit in wirklich bedeutsamen Fragen beeinträchtigten. Wurde er durch seine Erinnerungen an die Leistungen des russischen Heeres im Ersten Weltkrieg beeinflußt? In diesem Zeitraum, der Hitler stärker als jeder andere Lebensabschnitt prägte, waren die größten deutschen Siege an der Ostfront errungen worden, und der größte dieser Siege, an die sich im Westen kaum jemand erinnerte, hatte die russische Niederlage und den Verlust der reichsten Provinzen des Kaiserreichs besiegelt. Aber so unfähig die zaristische Generalität sich bei Kriegsausbruch erwiesen hatte und so defätistisch die Truppen der Provisorischen Koalitionsregierung bei Kriegsende eingestellt waren, hatten die Russen gelegentlich respektable militärische Erfolge errungen – und das nicht nur in der Verteidigung, die traditionell die besondere Stärke des russischen Soldaten war, sondern ebenso oft im Angriff. Außerdem war Hitler geschichtsbewußt genug, um zu wissen, daß Rußland jeder europäischen Macht, mit der es Krieg geführt hatte, Respekt abgenötigt hatte, und realistisch genug, um zu akzeptieren, daß Rußlands militärische Stärke – „Menschen, Raum, verbrannte Erde, Januar und Februar“, was man durch die Tapferkeit und Opferbereitschaft seiner Soldaten ergänzen sollte – unabhängig von dem jeweils herrschenden Regime auf Eigenschaften dieses Landes und seiner Bevölkerung basierten. Auf die Dauer mußten diese Vorteile zu Buche schlagen.

Aber Hitler wollte eine sich lange hinziehende Auseinandersetzung verhindern. Er war der Überzeugung, einen kurzen Ostfeldzug führen zu können; dazu sollten Geschwindigkeit und Stoßkraft seiner Panzerverbände sowie die taktischen Vorteile beitragen, die seine Generale aus den Führungsfehlern der Sowjets würden ziehen können. So tapfer der sowjetische Soldat auch kämpfte, wurden seine Anstrengungen nach Hitlers Auffassung durch Fehlentscheidungen und Willensschwäche auf höherer Ebene zunichte gemacht. Wie die kürzlichen Leistungen der Roten Armee in Finnland gezeigt hatten, neigte ihr Oberkommando nur allzu stark zu solchen Fehlern, die nach Hitlers Überzeugung eine notwendige Folge der sowjetischen Kommandostruktur waren.

Die russische Unfähigkeit war natürlich geradezu legendär. Graf von Schlieffen, der vor 1914 den deutschen Kriegsplan entworfen hatte, war bei seinen Berechnungen von der bekannten Schwerfälligkeit des russischen Generalstabs ausgegangen und hatte deshalb einen entscheidenden Schlag gegen die Franzosen für den Zeitraum geplant, in dem damit zu rechnen war, daß ihre russischen Verbündeten noch mit Mobilmachungsvorbereitungen beschäftigt sein würden.

Hitler rechnete allerdings nicht mit altmodischer Stümperei, die seine Pläne hoffentlich fördern würde (obwohl es gewiß voreilig gewesen wäre, diese Möglichkeit gar nicht wahrhaben zu wollen). Er zählte vielmehr auf einen fatalen Kompromiß, den er im sowjetischen Befehlssystem vermutete – einen Kompromiß, der das Befehlsprinzip an sich betraf –, da er von den Bolschewiken eingeführt und von Stalin durch die in der Roten Armee veranlaßten Säuberungen der Jahre 1937/38 erneut unterstrichen worden war.

Damit hatte Hitler zweifellos nicht ganz unrecht. Die Frage „Wer soll der Herr sein?“ steht selbst in den ältesten Staaten unausgesprochen zwischen Militär und Regierung. In neueren Staatengründungen führt sie oft zu Auseinandersetzungen, die in auf Revolutionen zurückgehenden Staaten häufig Gewaltanwendung provozieren.

Daß es in der Sowjetunion, einem revolutionären Staat, der nur durch die Anstrengungen der erst vor kurzem aufgestellten Roten Armee vor der Vernichtung durch Gegenrevolution und ausländische Invasion bewahrt worden war, nicht zu dieser Entwicklung gekommen war, war auf eine Vorsichtsmaßnahme der Bolschewiken zurückzuführen, jedem Offizier der Roten Armee (allerdings wurde das Wort „Offizier" nicht verwendet, weil es geächtet worden war) von Anfang an einen Kommissar oder politischen Stellvertreter beizugeben, der ihn zu überwachen hatte.

Ein doppelgleisiges System dieser Art, in dem der Kommissar politische Fragen über den Kopf des Soldaten hinweg zu entscheiden hatte und auf militärischem Gebiet theoretisch gleichberechtigt war, mochte in der allerersten Zeit notwendig gewesen sein. Um die Rote Armee, die sich innerhalb sehr kurzer Zeit aus einer Handvoll zuverlässiger Revolutionsgarden zu einem Millionenheer entwickelt hatte, führen zu können, hatten die Bolschewiken in erster Linie auf ehemalige zaristische Offiziere zurückgreifen müssen, das heißt auf Männer mit genau der gleichen Herkunft und Ausbildung wie die Offiziere der Weißen Armee, gegen die sie im Bürgerkrieg kämpften.

Diese Abhängigkeit von zaristischen Offizieren dauerte bis weit in die zwanziger Jahre hinein an. Selbst nachdem genügend begeisterte junge Kommunisten von den neuen Militärakademien zu den Streitkräften gekommen waren, wurden die Exzaristen weiter in den oberen Rängen gebraucht. Viele von ihnen hatten bis dahin – offenbar zur Zufriedenheit der Führungsschicht

– ihre Loyalität der Revolution und dem kommunistischen Staat gegenüber unter Beweis gestellt.

Die bekannteste Gestalt unter ihnen war Tuchatschewski, ein ehemaliger Gardeoffizier, der schon mit 25 Jahren im Bürgerkrieg eine der bolschewistischen Armeen befehligt hatte. Als nach dem Bürgerkrieg viele der früheren zaristischen Offiziere von den Bolschewiken als unerwünscht oder nicht mehr benötigt entlassen wurden, befand Tuchatschewski, der im Jahre 1920 den Vorstoß nach Warschau angeführt und im Jahre 1921 den Matrosenaufstand in Kronstadt niedergeschlagen hatte, sich bereits auf dem Weg nach oben, der ihn im nächsten Jahrzehnt in die Position des Oberbefehlshabers der Roten Armee bringen sollte.

Trotz der offenbar ehrlichen Bekehrung von Offizieren wie Tuchatschewski zu der neuen Ideologie und trotz der Einwände, die in ausschließlich militärischen Kategorien denkende Kommandeure gegen das Kommissarsystem hatten, bestand die Partei darauf, dieses System in den zwanziger und frühen dreißiger Jahren beizubehalten.

Aber obwohl die Partei daran festhielt, tat sie wenig, um geeignete Kandidaten für die Kommissarlaufbahn auszuwählen oder die Weiterbildung der bereits tätigen Kommissare zu fördern. Das führte dazu, daß der Kommissar allzu häufig der Typ des rechtschaffenen, aber biederen Funktionärs blieb, den die schneidigeren roten Kommandanten während des Bürgerkriegs nur mühsam ertragen hatten.

Unter dem Einfluß Tuchatschewskis und seiner Gefolgschaft sicherte der sowjetische Offizier sich in diesem Zeitraum dem Kommissar gegenüber einen stetig wachsenden Vorsprung auf militärischem Gebiet.

Durch geheime Zusammenarbeit mit der Reichswehr, die den Deutschen willkommen war, weil sie in der Abgeschiedenheit sowjetischer Truppenübungsplätze Waffen erproben konnten, deren Besitz ihnen der Versailler Vertrag untersagte, und die den Sowjets nützte, weil sie ihnen Einblicke in rüstungstechnische Fortschritte gewährte, war die Rote Armee zu Anfang der dreißiger Jahre eine der modernsten der Welt geworden: Sie hatte damit begonnen, Luftlandeunternehmen zu erproben, bei denen Transportflugzeuge und Fallschirmjäger eingesetzt wurden, und experimentierte mit massierten Panzerverbänden, deren Fahrzeuge hauptsächlich auf den berühmten Christie-Prototypen basierten, die Rußland dem amerikanischen Konstrukteur im Jahre 1931 abgekauft hatte.

Diese Professionalisierung der Roten Armee schien im März 1934 von der Partei gebilligt zu werden, als das Prinzip der Doppelführung endlich aufgegeben und die Aufgaben der Kommissare auf politische Beratung und Erziehungsarbeit beschränkt wurden. Im Jahr darauf wurden militärische Dienstgrade (die während der Revolution abgeschafft und durch Euphemismen wie „Befehlsspezialisten" ersetzt worden waren) wiedereingeführt und durch den neuen Titel Marschall ergänzt, mit dem die fünf wichtigsten sowjetischen Militärs geehrt wurden: Tuchatschewski; Woroschilow, der Volkskommissar für Verteidigung, ein altbewährter politischer Agitator, der in der 1. Kavalleriearmee gekämpft hatte und ein enger Mitarbeiter Stalins war; Jegorow, Chef des

Generalstabs und ehemaliger Angehöriger der 1. Kavalleriearmee; Budjonny, der es vom zaristischen Unteroffizier zum Kavalleriegeneral gebracht hatte (ebenfalls in der 1. Kavalleriearmee); Blücher, ein weiterer Exsergeant des Zaren, ehemals Militärberater Tschiang Kaischeks und Befehlshaber der halb selbständigen Fernostarmee.

Der zunehmende Professionalismus des Offizierskorps wurde innerhalb der Roten Armee von einem auffälligen Wandel zu einer ausschließlich aus regulären Truppen bestehenden Armee begleitet. Bisher hatten die Infanterieeinheiten der Roten Armee zum größten Teil aus Verbänden der Bürgermiliz bestanden, deren Soldaten aus einem bestimmten Gebiet stammten und nur mit Unterbrechungen ausgebildet wurden.

Das änderte sich jetzt: Die Masse der Infanteriedivisionen wurde in aktive Formationen umgewandelt, in die der Wehrpflichtige eintrat, um seinen Wehrdienst in einem Zug abzuleisten. Als Ausgleich für die dadurch möglicherweise geringere Intensität der militärischen Ausbildung von Arbeitern, Bauern und Städtern wurden die Mittel für die *Ossoawiachim* (Gesellschaft zur Förderung der Luftfahrt und der Abwehr chemischer Angriffe) aufgestockt.

Gleichzeitig wurden ihre führenden Männer durch eine von Stalin unterzeichnete Weisung aufgefordert, keine Anstrengung zu scheuen, um die breite Masse der Sowjetbürger zu Scharfschützen, Fallschirmspringern (die Ausbildung erfolgte nicht von Flugzeugen, sondern von hohen Sprungtürmen aus) und Luftschutzhelfern auszubilden.

Diese Erhöhung der ständig einsatzbereiten Kontingente der Roten Armee entsprach voll und ganz den Vorstellungen, die Tuchatschewski und gleichgesinnte sowjetische Generale von Anfang an gehegt hatten. Die Maßnahme erwies sich jedoch in der Praxis weniger wirkungsvoll als in der Theorie, denn sie brachte mehr und mehr die verbitterten jungen Bauern, deren Ausbildung und Eingliederung sich seit Beginn der Kollektivierung der sowjetischen Landwirtschaft im Jahre 1931 als so schwierig erwiesen hatte, in die Streitkräfte. Tatsächlich waren einige Kommandeure wegen der Disziplinlosigkeit mancher Wehrpflichtigeneinheiten so besorgt, daß sie Abänderungen des begonnenen Programms forderten. Marschall Blücher in Sibirien gelang es sogar, gewisse Zugeständnisse durchzusetzen. Aber es wurde versäumt, diese Zugeständnisse in der restlichen Sowjetunion zu machen.

Wie hätte Stalin sich allerdings zu ihnen bereitfinden können? Jedes Anzeichen von Schwäche hätte in diesem Stadium das Ende seiner Diktatur bedeuten können, so gewalttätig und weitverbreitet waren die Hunderte von Feinden, die er sich geschaffen hatte. Er hatte soeben den Hauptabschnitt seiner großen Säuberung von Partei und NKWD (Geheimpolizei) abgeschlossen. Diese beiden der drei großen Machtorgane innerhalb des Staats standen nun uneingeschränkt unter seiner Kontrolle. Das dritte, die Rote Armee, besaß noch die Kraft, ihn zu stürzen, falls ihre Führer sich dafür entschieden – und die Führungsspitze war Stalin im allgemeinen nicht sonderlich verpflichtet.

Woroschilow, der seit 1925 Volkskommissar für Verteidigung war, schien loyal zu sein, aber er entsprach von allen fünf Marschällen am wenigsten dem Bild eines Berufsoffiziers und hatte deshalb vermutlich die wenigsten Anhänger innerhalb des Offizierskorps. Die anderen – und mit ihnen die meisten hohen Offiziere der Roten Armee – waren Stalin nicht persönlich verpflichtet. Ihre Laufbahn hatte schon begonnen, bevor Stalin an die Macht gekommen war, und sie verdankten ihre Beförderungen mehr ihren eigenen Anstrengungen oder der Achtung, die sie sich im Kameradenkreis erworben hatten, als einer Intervention der Partei oder persönlichen Gunstbeweisen.

So war es kein Wunder, daß Stalin, der durch die in der Partei durch die Säuberungen geschaffene Atmosphäre sehr erregt war, wohl halb an die von ihm selbst erfundenen Gefahren glaubte und vielleicht in eine Art Blutrausch verfallen war, nun entschlossen war, nicht eher zu ruhen, als bis alle seine Feinde – reale, potentielle und imaginäre – den Genickschuß erhalten hatten.

Möglich ist auch, daß Stalin tatsächlich Beweise für eine Verschwörung gegen seine Herrschaft besaß. Gerüchten zufolge sollte die Gestapo den Sowjets ein gefälschtes Dossier zugespielt haben, das zu beweisen schien, daß Tuchatschewski Informationen an den deutschen Generalstab weitergegeben hatte. Diese Gerüchte blieben unbewiesen.

Trotzdem hatte Tuchatschewski sich während der Säuberungen unklug verhalten – vor allem während einer Paris-Reise, die für einen sowjetischen Offizier ein unerhörter Luxus war – und war, was viel gefährlicher war, in einem der Schauprozesse von einem der Angeklagten beschuldigt worden, mit Trotzki in Verbindung zu stehen.

Unabhängig vom Wahrheitsgehalt dieser oder anderer Anschuldigungen gegen den Marschall oder andere Offiziere, gehörte Tuchatschewski zu den ersten, die verhaftet und hingerichtet wurden. Er und sieben weitere Generale wurden am 11. und 12. Juni 1937 verurteilt und erschossen.

Dieser brutale Auftakt war charakteristisch für die nun beginnende große Säuberung. Bis zum Herbst 1938 verlor die Rote Armee durch kurzerhand angeordnete Erschießungen und langwierige Schauprozesse zwischen einem Viertel und der Hälfte ihrer Offiziere: drei ihrer fünf Marschälle, 13 von 15 Armeebefehlshabern, 57 von 85 Korpskommandeuren, 110 von 195 Divisionskommandeuren und 186 von 406 Brigadekommandeuren. In den unteren Rängen wurde noch energischer gesäubert, aber Offiziere vom Oberst abwärts bis zum Hauptmann kamen oft mit Haftstrafen davon, anstatt hingerichtet zu werden. Für die ranghöchsten Offiziere und für Verteidigungsfragen zuständige Funktionäre schien die Todesstrafe jedoch geradezu obligatorisch zu sein: Alle elf Stellvertretenden Kommissare für Verteidigung wurden erschossen, 75 der 80 Mitglieder des im Jahre 1934 eingerichteten Militärrates, alle Befehlshaber der Militärbezirke und die meisten ihrer Chefs der Politischen Verwaltungen (das heißt die leitenden Kommissare).

Es war jedoch schwierig, in Stalins Wahnsinn irgendeine Methode zu entdecken. Natürlich wurden durch diese Säuberung die ehemals zaristischen Offiziere beseitigt. Andererseits fielen ihr auch viele der revolutionären

Kommandeure zum Opfer, die im Bürgerkrieg aus dem Mannschaftsstand oder aus dem Nichts aufgestiegen waren, während gleichzeitig einige der bekanntesten ehemals zaristischen Offiziere in ihren Stellungen blieben.

Schaposchnikow, der die Generalstabsausbildung der alten Armee genossen hatte und im Jahre 1931 bei Stalin in Ungnade gefallen war, wurde im Jahre 1937 von ihm zum Nachfolger des aus einer einwandfrei bäuerlichen Familie stammenden Generalstabschefs Jegorow ernannt und blieb auf diesem Posten, bis er einige Jahre später aus Gesundheitsgründen von ihm zurücktreten mußte. Andererseits konnte man auch nicht sagen, daß die militärischen Befehlshaber stärker als die politischen zur Ader gelassen worden seien, da die Zahl der hingerichteten Kommissare mindestens so groß, wenn nicht sogar größer als die der hingerichteten Offiziere war. Die beste Lebensversicherung schien die Zugehörigkeit oder zumindest gute Verbindungen zur 1. Kavalleriearmee des Bürgerkriegs zu sein – jener gegen die Kosaken aufgestellten Streitmacht, die von Stalin politisch unterstützt worden war und deren operative Methoden Tuchatschewskis Mißtrauen erweckt hatten.

Diese aus der 1. Kavalleriearmee hervorgegangene Gruppe kam nach der Säuberung an die Macht: Budjonny, Timoschenko, Kulik und Schukow. Sie alle standen in Stalins Gunst, waren ihm von früher her verpflichtet und verdankten ihm jetzt alles – sogar ihr Leben. Ob Stalin bei diesem Handel ebenso gut wegkam, muß bezweifelt werden. In Timoschenko besaß er einen fähigen, wenn auch nicht übermäßig begabten Kommandeur. In Schukow hatte er einen General, der hervorragend befähigt, aber noch zu jung war, als daß seine Fähigkeiten hätten genutzt werden können. Mit Budjonny verfügte er über eine höchst dekorative soldatische Gestalt, deren taktische Vorstellungen (strategische hatte der Marschall bestimmt nie besessen) niemals sehr tiefschürfend gewesen waren und jetzt als völlig überholt gelten mußten.

In Kulik besaß Stalin einen Chef des Waffenamtes (als Nachfolger Tuchatschewskis), der sich bei der Waffen- und Gerätebeschaffung von geradezu unsinnigen Vorstellungen leiten ließ, die beispielsweise dazu führten, daß dem Heer die leichten Schnellfeuerwaffen weggenommen wurden, weil sie für die Infanterie ungeeignet seien, und die Produktion von Pak- und Flakgeschützen eingestellt wurde. Kulik zog auch falsche Schlüsse aus den Erfahrungsberichten sowjetischer Beobachter über die Verwendung von Panzern im Spanischen Bürgerkrieg (in dem so viele sowjetische Waffen und Geräte erstmals unter Einsatzbedingungen erprobt wurden) und entschied daraufhin, die von Tuchatschewski aufgebauten Panzerverbände aufzulösen, um der Infanterie kleinere Panzerabteilungen zuzuordnen. Die Auswirkungen dieser Fehlkalkulationen – und ganz allgemein der Umwälzungen, auf denen sie basierten – wurden außerhalb der Sowjetunion erst im Jahre 1939 erkannt, als Stalin unklugerweise Finnland den Krieg erklärte.

Der Ursprung dieses höchst peinlichen Debakels lag in Stalins Wunsch, sich das finnische Gebiet in der Nachbarschaft seiner Kriegshäfen an der Ostsee durch Tausch oder Pacht zu sichern. Finnlands Weigerung, auf den vorgeschlagenen Handel einzugehen, führte zum Abbruch der diplomatischen Beziehungen, dem am 30. November 1939 ein sowjetischer Angriff auf die Karelische Landenge folgte, die Südfinnland mit dem Gebiet um Leningrad verbindet.

Obwohl dieser Angriff mit großer zahlenmäßiger Überlegenheit vorgetragen wurde, wurde er ebenso abgeschlagen wie zahlreiche weitere Angriffe entlang der sowjetisch-finnischen Grenze südlich und nördlich des Polarkreises. Erst Anfang Februar 1940, nachdem fast eine Million Rotarmisten als Verstärkung herangeführt und die finnischen Stellungen in der Mannerheim-Linie immer wieder bombardiert worden waren, gelang der Roten Armee der Durchbruch, so daß die Finnen einen Monat später um Frieden bitten mußten.

Daß der ursprüngliche Gesichtsverlust teilweise wettgemacht werden konnte, war auf Timoschenkos Führereigenschaften zurückzuführen, die denen Marschall Woroschilows, des ursprünglichen Befehlshabers an der finnischen Front, weit überlegen waren. Woroschilow übernahm danach wieder politische Aufgaben, für die er besser geeignet war.

Verlauf und Ergebnis des sowjetisch-finnischen Winterkriegs, in dem dreieinhalb Millionen Finnen die Armee eines über 100 Millionen starken Volkes nicht nur aufgehalten, sondern geradezu an der Nase herumgeführt hatten, wobei es ihnen gelungen war, die sowjetischen Kommandeure als unfähig hinzustellen, hatten wenig zur Erhöhung des militärischen Prestiges der Sowjetunion beigetragen. Tatsächlich hatte der Abwehrkampf der Finnen im Westen solche Begeisterung ausgelöst, daß Großbritannien und Frankreich beinahe zu ihren Gunsten interveniert hätten. Die Folgen einer solchen Intervention hätten sie später sicher zu bereuen gehabt, aber als unmittelbares Ergebnis wäre eine Verstärkung der ohnehin nicht geringen Frustration der Sowjets zu erwarten gewesen.

Auf die Dauer erwiesen die Lehren aus dem Winterkrieg – so bitter sie auch auf einmal zu schlucken waren – sich als die beste Medizin für die Sowjets. Ausländische Beobachter, darunter als wichtigster Hitler, schlossen aus den mangelhaften Leistungen der Sowjets, daß ihre Fehler – genau die gleichen Fehler, in die sie zu Beginn des Ersten Weltkriegs verfallen waren, als sie unterlegenen deutschen Streitkräften gegenübergestanden hatten – offenbar nicht auszurotten waren und daß die Sowjets in jedem größeren Feldzug das gleiche Schicksal wie vor 25 Jahren nach den Niederlagen bei Tannenberg und den masurischen Seen erleiden würden. Indolenz, Unfähigkeit, Mangel an Voraussicht und Organisationsmängel: Mit diesen Nachteilen, denen als Vorteil nur die Tapferkeit des einfachen Soldaten entgegenstand, schien jeder Gegner der Sowjetunion fest rechnen zu können.

Aber die Sowjetunion – und mit ihr die sowjetische Armee – hatte dazugelernt. In den Monaten nach dem Waffenstillstand in Finnland wurden gewaltige Anstrengungen unternommen, Veränderungen herbeizuführen. Ein weiterer Feldzug, den Schukow an der mongolischen Grenze gegen die eindringenden Japaner führte – ein in der westlichen Öffentlichkeit kaum registrierter Feldzug –, hatte im Mai 1939 den Kampfwert der Roten Armee im anderen Licht erscheinen lassen.

Timoschenko, der Woroschilow jetzt de facto als Oberbefehlshaber abgelöst hatte, setzte sich als Ziel, dafür zu sorgen, daß diese Leistungen eines kleinen Teils der Roten Armee in einem örtlich begrenzten Konflikt zum operativen Standard der gesamten Streitkräfte wurden. Schukows Sieg war mit auf den massierten Einsatz von Panzern zurückzuführen gewesen. Deshalb ließ Timoschenko wieder Panzerkorps – aus jeweils zwei Panzerdivisionen und einer motorisierten Division gebildet – aufstellen, wie sie von Tuchatschewski vor seinem Sturz organisiert worden waren. Unter seinem Oberbefehl erwies es sich auch als möglich, die Kommissare zum zweitenmal auf den Status von politischen Beratern zurechtzustutzen und die operative Unabhängigkeit der Kommandeure wiederherzustellen. Gleichzeitig wurden viele der bei den großen Säuberungen inhaftierten oder verbannten Offiziere rehabilitiert, und die Rote Armee erhielt neue Ausbildungsrichtlinien und Dienstanweisungen, die auf sowjetischen Erfahrungen in Finnland und Berichten über die deutschen Operationen in Polen und Frankreich basierten.

Allerdings ließen sich in der verfügbaren Zeit, die sich als sehr kurz erweisen sollte, nicht alle Mängel abstellen. Die Säuberung hatte dem kollektiven und individuellen Selbstbewußtsein des Offizierskorps einen fast tödlichen Schlag versetzt, so daß es unwahrscheinlich war, daß durchschnittliche oder unterdurchschnittliche Offiziere – notwendigerweise die Mehrzahl – bei Kampfhandlungen selbständige Entscheidungen treffen würden (tatsächlich sollte sich übergroße Befehlstreue als ein Hauptmanko der sowjetischen Truppen erweisen).

Trotz der Mißerfolge im russisch-finnischen Winterkrieg bewirkte die Parteipropaganda bedauerlicherweise ein übersteigertes Selbstbewußtsein bei einfachen Soldaten und russischen Zivilisten, so daß diese Zielgruppe an die Unbesiegbarkeit der Roten Armee glaubte – eine Überzeugung, die ein ebenso wichtiger politischer Glaubensartikel war wie das Vertrauen zur Unfehlbarkeit des Politbüros. Trotzdem wurde bis zum Frühsommer 1941 viel geleistet, um die Rote Armee ins Gleichgewicht zurückzubringen, und obwohl noch viel zu tun blieb, mußten allein ihre zahlenmäßige Stärke und ihre reichhaltige Ausrüstung jeden potentiellen Angreifer nachdenklich stimmen.

Abgesehen von der *Ossoawiachim* und den ausgebildeten Reservisten, die als Folge der Mitte der dreißiger Jahre eingeführten allgemeinen Wehrpflicht bereitstanden, verfügte die Rote Armee im Frühjahr 1941 über 230 bis 240 Divisionen, von denen die meisten ihre Soll-Stärke erreicht hatten. Etwa 170 dieser Divisionen standen im Westen der Sowjetunion. Die Mehrzahl der verfügbaren Divisionen bestand aus Schützen-(Infanterie-)Divisionen mit etwa 14 000 Mann, wenig Transportraum und ohne Panzer. Die Panzerdivisionen – mindestens 22 und vielleicht bis zu 60 – bestanden jeweils aus zwei Panzerregimentern, einem motorisierten Infanterieregiment und einem Artillerieregiment. Motorisierte Divisionen, in denen das Zahlenverhältnis zwischen Panzer- und Infanterieregimentern umgekehrt war, gab es mindestens 13 – wahrscheinlich sogar mehr. (Diese beiden Divisionstypen entsprachen genau den deutschen Panzer- und Panzergrenadierdivisionen, wie sie später hießen, obwohl es den Sowjets gelang, den Panzerbestand ihrer Panzerregimenter auf einem erheblich höheren Stand als bei den Deutschen zu halten.)

Ein großer Teil, wenn nicht sogar die gesamte Offensiv- und Defensivkraft der Roten Armee wurde jedoch durch die eigenartige Gliederung, die Stalin dem Feldheer im Frühsommer 1941 aufzwang, zunichte gemacht. Zu diesem Zeitpunkt unterschieden die Grenzen der Sowjetunion sich allerdings von denen, die sie zwei Jahre zuvor zu verteidigen gehabt hätte: Sie verliefen fast überall weit westlich der Linie des Jahres 1939. Die Annexion der baltischen Staaten – Litauen, Estland und Lettland – hatte die sowjetische Grenze im Norden bis an Ostpreußen herangerückt; die mit Deutschland vereinbarte Teilung Polens hatte zur Folge, daß die Grenze im Mittelabschnitt beinahe Warschau erreichte. Die Annexion Bessarabiens von Rumänien hatte sowjetische Truppen über den Dnjestr bis zum Pruth vordringen lassen. So befriedigend diese Gebietsvergrößerungen für Stalin sein mochten, so wenig erleichterten sie die strategischen Aufgaben seiner Generale, denn die neuen Grenzen bedeuteten, daß die alten Grenzbefestigungen jetzt weit hinter dem militärischen Operationsgebiet lagen.

Eine offene Grenze ohne starke Befestigungsbauten und ohne große natürliche Hindernisse – breite Flüsse, Seen oder hohe Gebirge – erfordert eine tief gestaffelte Verteidigung durch Truppen, die für bewegliche Kampfführung ausgebildet und ausgerüstet sind. Starke Reserven, die weit hinter der Front an Knotenpunkten des Fernmeldenetzes bereitstehen, sind für eine erfolgreiche

Verteidigung unerläßlich; stehen keine zur Verfügung, muß der Befehlshaber eines offenen Grenzabschnitts mit dem Schreckgespenst eines unaufhaltsamen Durchbruchs leben.

Dazu verurteilte Stalin seine Frontkommandeure in der ersten Hälfte des Jahres 1941. Anstatt einen Teil seiner Kräfte als strategische Reserve zurückzuhalten, bestand er darauf, sie restlos in vorderster Linie einzusetzen. Anstatt einzusehen, daß die Form der sowjetischen Grenze mit ihren vielen Vorsprüngen und Einbuchtungen es unzweckmäßig machte, jeden Kilometer zu verteidigen, bestand er darauf, sie auf ganzer Länge zu besetzen. Anstatt einzusehen, daß manche Grenzabschnitte weniger stark verteidigt zu werden brauchten – beispielsweise der unmittelbar westlich der unüberwindbaren Pripjet-Sümpfe –, verteilte er seine Divisionen ziemlich gleichmäßig auf die Westfront zwischen Ostsee und Schwarzem Meer.

Deshalb bleibt noch zu untersuchen, aus welchen Gründen Stalin seine Streitkräfte einer so offenkundigen Gefahr ausgesetzt hat. Wie einmal gesagt worden ist, war daran eine Mischung aus „Selbstgefälligkeit, Zuversicht und vorsichtiger Nervosität" schuld: Selbstgefälligkeit, die durch seine eigenen Propagandamärchen über die Unbesiegbarkeit der Roten Armee genährt wurde; Zuversicht, daß ein Krieg sich verhindern lassen werde; vorsichtige Nervosität, die bewirkte, daß Stalin es für notwendig hielt, starke Truppenkonzentrationen in Grenznähe zu bilden, um dahinter unbemerkt Truppen aus Mittel- und Ostrußland heranführen zu können. Diese Motive könnten wir durch „Wunschdenken" ergänzen. Stalin wollte keinen Krieg, blieb taub, wenn ausländische Freunde und der Sowjetunion Wohlgesinnte (zu denen auch Churchill gehörte) ihn vor einem deutschen Angriff warnten, bestand auf genauester Erfüllung der Deutschland gegenüber eingegangenen Lieferverpflichtungen und untersagte seinen Militärbefehlshabern sämtliche Maßnahmen – auch wenn sie zur Sicherung des jeweiligen Grenzabschnitts dringend erforderlich waren –, die von den Deutschen als Provokation oder Aggression aufgefaßt oder dargestellt werden konnten.

Auf Napoleons Spuren

Drei Wege führen ins Herz Rußlands. Einer verläuft entlang der Ostseeküste nach Leningrad. Der zweite, den Napoleon im Jahre 1812 gewählt hatte, führt über die alten, ehemals polnischen Städte Minsk und Smolensk nach Moskau. Der dritte liegt südlich der Pripjet-Sümpfe, aber nördlich der Karpaten: der Weg von Südpolen ins Schwarzerdegebiet der Ukraine. Abgesehen von den Pripjet-Sümpfen, einem riesigen, fast undurchdringlichen bewaldeten Sumpfgebiet, welches das sowjetische Grenzgebiet strategisch deutlich in eine Nord- und eine Südhälfte teilt, und abgesehen von den Karpaten, die eher die Grenzen Ungarns und Rumäniens schützen, weil der Gebirgszug westlich vor der Grenze liegt, wird die Sowjetunion durch keine natürlichen Hindernisse vor einem Einfall aus Europa geschützt. Obwohl alle drei traditionellen Invasionsrouten breite Flüsse durchqueren, ist es in den Weiten der Steppe schwierig, eine Verteidigungslinie an einem Fluß zu halten.

Aber diese Feststellungen bedeuten keineswegs, daß es einfach ist, nach Rußland vorzustoßen. Zwei geniale Heerführer, der schwedische König Karl XII. und Napoleon, haben ihren Ruf leichtsinnig in Rußland aufs Spiel gesetzt, und die Schrecken des Rückzugs der

Großen Armee, die Moskau im Jahre 1812 räumen mußte, sind in Europa unvergessen.

Der russische Staat mochte ineffizient sein und eine rückständige Bevölkerung, eine unterentwickelte Wirtschaft und nur wenige, schlechte Straßen besitzen (alles Urteile aus der Zeit vor der Oktoberrevolution), aber Rußland galt trotzdem als ein Land, das niemals erobert werden könne. Dieser Auffassung war jedenfalls auch Schlieffen, der den deutschen Kriegsplan für 1914 ausgearbeitet hatte. Für ihn stand außer Zweifel, daß deutsche Soldaten die Russen auch dann vernichtend schlagen konnten, wenn sie selbst zahlenmäßig unterlegen waren, aber dabei würden nur „gewöhnliche Siege“ herauskommen: Siege, bei denen die unterlegene Armee weder eingekesselt noch in die Enge getrieben, sondern nur dazu gezwungen wird, das Schlachtfeld zu räumen. Er begründete seine Auffassung damit, daß russische Armeen zu groß seien, um eingekesselt zu werden, und die russische Steppe zu wenige natürliche Hindernisse aufweise, an denen man den Gegner festnageln könne. Deshalb würden die Russen stets wieder entkommen und die Invasoren dadurch immer tiefer in die Weiten Rußlands locken, wo das Klima, die sonnenverbrannte Erde und die Anstrengungen der Verfolgung ihre Kräfte erschöpfen würden.

Aus diesen sehr vernünftigen Gründen verzichtete Schlieffen auf leichte Siege im Osten zugunsten des Frankreichfeldzugs, der taktisch erheblich schwieriger, aber strategisch weniger riskant war. Damit stand sein Eröffnungszug in einem Zweifrontenkrieg fest.

Hitler hatte von Schlieffen alle Probleme eines Zwei-

Eine finnische Ski-Patrouille pirscht sich im Winterkrieg 1939/40 an die Russen heran

Russische Soldaten auf Skiern im Manöver

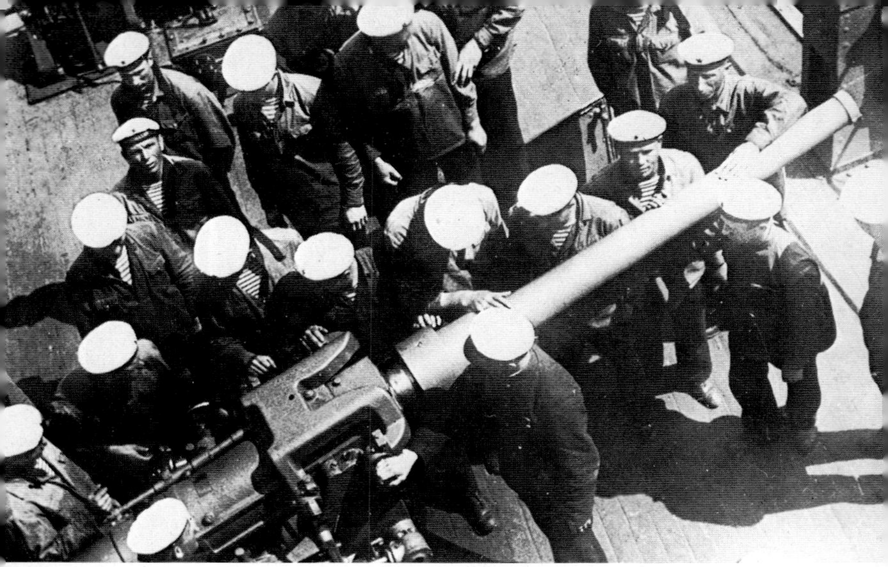

Soldaten der russischen Ostseeflotte bei einer Schießübung

Der deutsch-sowjetische Nichtangriffspakt ist geschlossen: Ribbentrop (links), Stalin und Molotow

Der vor dem Krieg gebaute russische Riesenpanzer T 35

Flußüberquerung während eines Gefechts

April 1941: Ein deutscher MG-34-Trupp überquert die Drau in Jugoslawien

frontenkriegs geerbt. Er beschloß jedoch, sie anfangs wie Bismarck auf diplomatischem Weg zu lösen: durch den am 23. August 1939 unterzeichneten deutsch-sowjetischen Nichtangriffspakt, in dem die Sowjetunion und Deutschland sich verpflichteten, sich jedes Angriffs gegeneinander zu enthalten – ein Handel, der wenig später durch die Aufteilung Polens besiegelt wurde.

Hitler betrachtete diesen Nichtangriffspakt vermutlich stets nur als Mittel zum Zweck. Daß er den Überfall auf die Sowjetunion aus weltanschaulichen Gründen befohlen hat, ist unwahrscheinlich, denn Hitler war auf fast allen Gebieten – von seinem Antisemitismus einmal abgesehen – durchaus Pragmatiker. Aber sein gesunder Menschenverstand mußte ihm sagen, daß allein das Ausmaß seiner militärischen Erfolge mit Siegen über Polen, Belgien, die Niederlande, Frankreich und das englische Expeditionskorps die Sowjetunion beunruhigen mußte. Und diese Beunruhigung mußte dazu führen, daß sie sich nicht bemühte, Deutschland durch eine betont friedliche Politik zu beschwichtigen, sondern ihre eigene Kampfbereitschaft erhöhte.

Wie wir wissen, war diese Annahme Hitlers falsch, denn im Jahre 1940 und bis zum 22. Juni 1941 war das Hauptziel von Stalins Politik, die allerdings verschiedene Abwehrmaßnahmen vorsah, die buchstabengetreue Erfüllung des Nichtangriffspakts, was auf friedliche Absichten schließen ließ. Aber Hitlers Pragmatismus warnte ihn vermutlich zu Recht, daß es Stalin um Zeitgewinn gehe. Falls er Gelegenheit dazu erhielt, konnte er eine Streitmacht aufbauen, die sich in Angriff und Verteidigung als zu stark für Deutschland erweisen könnte.

Auch der fortdauernde Widerstand Englands unterstrich die Gefahren eines sowjetischen Wechsels der Verbündeten. Hitler fand die hartnäckige Weigerung Englands, sich geschlagen zu geben, weniger besorgniserregend, als vielmehr ärgerlich, da das Inselkönigreich offenbar zu keiner Intervention auf dem Kontinent imstande war. Aber Englands lange Tradition als Seemacht und die Geschicklichkeit, mit der es seine große Flotte und sein kleines Heer gegen die Küsten Europas einsetzte, machten es zu einem Faktor, den er nicht ignorieren durfte, zumal es Englands Strategie in isolierter Situation stets gewesen war – und vermutlich auch diesmal war –, sich mächtige Verbündete auf dem Festland zu sichern.

Im Ersten Weltkrieg hatten Rußland und England gemeinsame Sache gegen Deutschland gemacht, wie sie sich zuvor gegen Napoleon verbündet hatten. Wie lange würde die Sowjetunion der Versuchung widerstehen, dieses Bündnis zu erneuern?

Sollte sie ihr erliegen, mußte Hitler nicht nur mit einem Zweifrontenkrieg, sondern mit einem Kampf an drei Fronten rechnen, weil die sowjetische Unterstützung Englands die Bemühungen des amerikanischen Präsidenten fördern würden, die Vereinigten Staaten an dem Krieg gegen Deutschland zu beteiligen.

Aber die Ereignisse brauchten nicht in dieser Reihenfolge einzutreten. „Englands Hoffnung ist Amerika und Rußland", erklärte Hitler seinen Oberbefehlshabern am 31. Juli 1940. „Wenn Hoffnung auf Rußland wegfällt, fällt auch Amerika weg, weil Wegfall Rußlands eine Aufwertung Japans in Ostasien in ungeheurem Maß folgt ... Entschluß: Im Zuge dieser Auseinandersetzung muß Rußland erledigt werden ... Je schneller wir Rußland zerschlagen, um so besser."

Mit diesem Argument rechtfertigte Hitler – vielleicht vor sich selbst, ganz sicher jedoch seinen Untergebenen gegenüber – seine Entscheidung, einen Blitzkrieg gegen die Sowjetunion planen zu lassen.

Selbstverständlich wußte er zu verhindern, daß die Vorarbeiten für das zunächst nur für den Notfall geplante Unternehmen die normalen Beziehungen zwischen den beiden Diktaturen beeinträchtigten. Diese wurden durch den Nichtangriffspakt vom August 1939 und nachfolgende Abkommen geregelt, wie sie Ribbentrop und Molotow beispielsweise im September 1939 in Moskau abschlossen. Aufgrund dieser Vereinbarungen annektierte Stalin Anfang 1940 die baltischen Staaten und im Juni des gleichen Jahres das rumänische Grenzgebiet Bessarabien.

Hätte Stalin sich damit zufriedengegeben, hätte Hitler keine Einwände erheben können. Aber die zusätzliche Annexion eines Teils der rumänischen Bukowina, die außerhalb der vereinbarten sowjetischen Interessensphäre lag, war für Hitler Grund genug, zu protestieren und besorgt zu sein. Rumänien, unter Führung des Faschisten Antonescu ein potentieller Verbündeter, war Deutschlands einziger Öllieferant. Hitler war entschlossen, sich diese Quelle um jeden Preis zu erhalten, und seine Balkan-Diplomatie zielte für den Rest des Jahres 1940 darauf ab, die deutsche Position in Rumänien auf Kosten der sowjetischen zu stärken.

Ungarn wurde mit einem Stück rumänischen Territoriums geködert, Rumänien wurde durch die Entsendung deutscher Truppen zum Schutz seiner Ölfelder (vor weiteren sowjetischen Annexionsgelüsten) beschwichtigt, und der Sowjetunion wurde zu verstehen gegeben, diese Maßnahme sei zur Abwehr etwaiger *englischer* Vorstöße in dieses Gebiet notwendig. Trotzdem fand Stalin diese Initiativen ebenso wie den italienischen Überfall auf Griechenland Ende Oktober (auch wenn dieses Unternehmen sich als Fehlschlag erweisen sollte) besorgniserregend und schickte Molotow am 12. November mit dem Auftrag nach Berlin, bei Hitler vorstellig zu werden und bei ihm konkrete Zusicherungen für die künftige Gestaltung gutnachbarlicher Beziehungen zu erreichen.

Das gelang Molotow nicht. Hätte er gewußt, daß Hitler für das kommende Frühjahr einen überfallartigen Balkanfeldzug („Unternehmen Marita“) plante, wäre er noch besorgter heimgekehrt. Hätte Molotow gar geahnt, wie weit die Deutschen schon mit der Planung des „Unternehmens Barbarossa“ waren – unter dem Decknamen wurde der Angriff auf die Sowjetunion vorbereitet –, hätte er sich vielleicht überhaupt nicht mehr nach Hause gewagt, denn dieser Plan bedeutete den völligen Zusammenbruch der von Molotow betriebenen Außenpolitik.

Hitler weihte Generaloberst Halder, den Chef des Generalstabs des Heeres, vermutlich am 16. Juli 1940 (am gleichen Tag, an dem er seine Weisung Nr. 16 für das „Unternehmen Seelöwe“, die Invasion Englands, erließ) in seine Absicht ein, die Sowjetunion anzugreifen. Die Vorbereitungen für eine Landung in England betrieb

Hitler stets nur halbherzig – vielleicht weil er den Verdacht hatte, die Luftwaffe sei nicht imstande, die Royal Air Force niederzukämpfen, oder vielleicht weil er sich insgeheim schon für den Angriff auf die Sowjetunion entschieden hatte. Von nun an konzentrierte er sich auf die Angriffsplanung gegen die Sowjetunion.

Den ursprünglichen Entwurf übergab er dem Chef des Wehrmachtsführungsamtes im OKW, General Alfred Jodl (der in Nürnberg wegen seiner Beteiligung an der „Vorbereitung und Führung eines Angriffskriegs" gehenkt wurde). Jodl erläuterte ihn seinerseits am 19. Juli seinen Untergebenen, bei denen er damit ungläubige Reaktionen provozierte. Hitler beauftragte jedoch auch Halder mit der Ausarbeitung von Plänen – ein Auftrag, den der Generalstabschef des Heeres an General Marcks weitergab. Marcks' Plan, der am 5. August 1940 vorgelegt wurde, sollte als Richtlinie für den noch auszuarbeitenden endgültigen Invasionsplan dienen.

Marcks ging von der Annahme aus, daß die Sowjetunion Deutschland nicht angreifen würde, obwohl ein solcher Angriff den Deutschen gelegen käme (vor 1914 war Schlieffen in bezug auf Frankreich der gleichen Meinung gewesen – fälschlicherweise, wie sich später herausgestellt hatte), und daß die Wehrmacht leichte Vorteile bei den Mannschaftsstärken, deutliche Vorteile bei der Zahl der Panzerverbände und gewisse Vorteile in bezug auf die Qualität der Ausrüstung besitzen würde. Unter Berücksichtigung der Stationierungstruppen in besetzten Ländern rechnete Marcks damit, daß Deutschland 110 Infanterie-, 24 Panzer- und 12 motorisierte Divisionen würde aufbieten können, denen 96 sowjetische Infanteriedivisionen (bei den Sowjets als „Schützendivisionen“ bezeichnet), 23 Kavalleriedivisionen und 28 Panzerbrigaden gegenüberstehen würden (die Deutschen wußten zu diesem Zeitpunkt noch nicht, daß Timoschenko die mechanisierten Divisionen und Korps wiederaufgestellt hatte).

Marcks wollte die Masse der deutschen Divisionen in zwei Heeresgruppen zusammenfassen, von denen eine nach Südosten in Richtung auf die ukrainische Hauptstadt Kiew vorstoßen sollte, während die andere von Polen aus genau nach Osten in Richtung Moskau vordringen und dabei der großen Heerstraße über Minsk und Smolensk folgen würde, die schon Napoleon und die Große Armee im Jahre 1812 benützt hatten. Gleichzeitig waren zwei sekundäre Vorstöße geplant: im Norden gegen Leningrad, das von der nördlichen Heeresgruppe eingenommen werden sollte, und im Süden gegen Kiew durch eine durch das annektierte Bessarabien vorgehende deutsch-rumänische Armeegruppe.

Das Gelingen des Plans hing jedoch von den beiden großen Heeresgruppen ab. Sobald sie ihre Hauptziele erreicht hatten – sobald Moskau und Kiew genommen waren –, sollten sie sich so rasch wie möglich vereinigen und die westlich von ihnen stehenden russischen Truppen einschließen. Das war die eigentliche Absicht von Marcks' Plan. Die Rote Armee sollte zwischen den Flüssen Düna und Dnjepr eingekesselt und vernichtet werden, wofür insgesamt neun bis 17 Wochen angesetzt waren.

Dieser Plan, der allerdings später weitgehend verändert wurde, legte die Grundzüge der deutschen Strategie für „Barbarossa“ fest – insbesondere die des deutschen Heeres (später gab es Differenzen zwischen den strategischen Ansichten des Heeres und Hitlers, was erhebliche Konsequenzen hatte). Der Marcks-Plan war jedoch zunächst eher eine Planstudie als ein Operationsplan, und während an der Lösung der aufgezeigten Probleme gearbeitet wurde, begann das Oberkommando der Wehrmacht (OKW), Hitlers persönlicher Planungs- und Operationsstab, mit den praktischen Vorbereitungen.

Als erstes mußten größere Truppenkontingente vom westlichen auf den östlichen Kriegsschauplatz verlegt werden: bis zum 24. Oktober 1940 insgesamt 35 Divisionen. Diese nicht geheimzuhaltende Verlegung einer ganzen Heeresgruppe, die gemeinsam mit zwei anderen im Mai im Westen gekämpft hatte, wurde Interessierten gegenüber, zu denen ohne Zweifel auch die Sowjets gehörten, damit begründet, daß diese Divisionen größere Übungsräume brauchten, als im Westen zur Verfügung stünden, und der Gefahr englischer Luftangriffe entzogen werden sollten. Tatsächlich ließen sich gewisse Umschichtungen zwischen Frankreich und Polen militärisch durchaus begründen, denn solange im Westen drei Heeresgruppen – Masse und Kern des deutschen Heeres – standen, befand Deutschlands strategische Aufstellung sich in starkem Ungleichgewicht.

Unter dem Decknamen „Aufbau Ost“ wurden diese Vorbereitungen vom OKW zufriedenstellend durchgeführt. Gleichzeitig erstellte seine Operationsabteilung eine strategische Würdigung des Invasionsproblems, die Hitler vorgelegt werden sollte. Die darin getroffenen Schlußfolgerungen unterschieden sich von jenen, zu denen das OKH gelangt war: Anstatt einen Hauptvorstoß entlang der Achse Minsk–Smolensk, der Straße nach Moskau, zu empfehlen, schlug das OKW vor, die angreifenden Truppen auf drei etwa gleichstarke Heeresgruppen zu verteilen, die auf Leningrad im Norden, Kiew im Süden und Moskau in der Mitte angesetzt werden sollten.

Das hätte man als technisch bedingte Meinungsverschiedenheit zweier Stäbe abtun können, wenn das OKW nicht auch gefordert hätte, die drei Heeresgruppen sollten während des Vormarsches „Position halten" und auf einer Linie bleiben. Obwohl dadurch offenkundige Risiken vermieden werden konnten, würde die Wehrmacht dann nichts anderes als die „gewöhnlichen" Siege erringen können, mit denen Schlieffen sich vor 25 Jahren nicht hatte zufriedengeben wollen.

Unterdessen hatte das Oberkommando des Heeres (OKH) den Herbst damit verbracht, die von Marcks vorgegebenen Richtlinien auszufüllen und die daraus resultierenden Schlußfolgerungen in einem großangelegten Kriegsspiel zu überprüfen, das zu den bewährtesten Mitteln deutscher Generalstabsarbeit gehörte, wenn endgültige Entscheidungen zu treffen waren. Das Ergebnis, das Halder, der Generalstabschef des Heeres, vor einem Fachpublikum vortrug, zu dem auch Hitler gehörte, schien eine Vereinigung von Teilen der vom OKH und später vom OKW ausgearbeiteten Pläne nahezulegen, das heißt: Statt zwei Heeresgruppen sollten drei gebildet werden, die jedoch in erster Linie nach Moskau vorstoßen sollten. Die Hauptgedanken von Halders Vortrag lauteten sinngemäß:

Die wichtigsten russischen Rüstungszentren liegen in der Ukraine, in Moskau und in Leningrad. Das gesamte Operationsgebiet wird durch die Pripjetsümpfe in eine Nord- und eine Südhälfte unterteilt, in der Südhälfte ist das Straßennetz unzulänglich, im Norden sind die Straßen- und Bahnverbindungen im Raum Warschau-Moskau besser. Dieser Nordabschnitt ist auch stärker von sowjetischen Truppen besetzt, die entlang der deutsch-sowjetischen Demarkationslinie (die das besetzte Polen teilt) massiert sind. Dnjepr und Düna sind die östlichsten Linien, die der Russe halten muß, jeder Rückzug darüber hinaus entblößt seine Industriegebiete. Das Ziel des deutschen Angriffs muß es sein, die Entstehung jeglichen konzentrierten Widerstands im Westen dieser Flüsse durch hineingetriebene Panzerkeile zu verhindern.

Eine besonders starke Kampfgruppe muß von Warschau aus in Richtung Moskau vorstoßen. Von den drei vorgeschlagenen Heeresgruppen würde die nördliche sich auf Leningrad konzentrieren, die südliche auf Kiew, und von letzterer Heeresgruppe würde eine Armee von Labun aus vorstoßen, eine zweite aus Lemberg (Lwow) und eine dritte aus Rumänien. Ziel der gesamten Operation wären die Wolga und das Gebiet um Archangelsk: 105 Infanterie- und 32 Panzer- und motorisierte Divisionen würden eingesetzt, von denen starke Teile (zwei Armeen) anfangs als zweite Welle folgen würden.

Diese Ausführungen bildeten die Grundlage für den von beiden Generalstäben gemeinsam erarbeiteten endgültigen Weisungsentwurf. Er wurde Hitler am 17. Dezember 1940 vorgelegt und am 18. als Geheime Kommandosache in nur neun Ausfertigungen erlassen.

Über Nacht hatte Hitler jedoch die Ziele und Zielsetzungen seiner militärischen Ratgeber in nicht geringem Maße verändert. Die Kräfteverteilung auf drei Heeresgruppen sowie die ursprünglichen Angriffsrichtungen blieben allerdings erhalten. Aber sobald die Weißrußland (das Gebiet östlich Polens und nördlich der Pripjet-Sümpfe) verteidigenden sowjetischen Armeen zersprengt worden waren, sollte die Heeresgruppe Mitte starke Teile ihrer Schnellen Truppen nach Norden eindrehen, um gemeinsam mit der Heeresgruppe Nord die Ostseeküste und Leningrad zu besetzen. Erst danach sollte der Vorstoß nach Moskau, den das OKH stets für entscheidend wichtig gehalten hatte, weitergeführt werden.

Dies war der Kernpunkt des „Unternehmens Barbarossa", wie Hitler es in seiner Weisung Nr. 21 nun offiziell bezeichnete. Aber sie enthielt noch viele weitere Anordnungen. Nordrußland sollte von einem von Finnland aus eingesetzten Gebirgskorps erobert werden – voraussichtlich gemeinsam mit der finnischen Armee. Die inzwischen faktisch unter deutscher Kontrolle stehende rumänische Armee würde größere Kontingente als Flankenschutz für die nach Kiew vorstoßende Heeresgruppe Süd abzustellen haben. „Das Endziel der Operation ist die Abschirmung gegen das asiatische Rußland aus der allgemeinen Linie Wolga–Archangelsk. So kann erforderlichenfalls das letzte Rußland verbleibende Industriegebiet am Ural durch die Luftwaffe ausgeschaltet werden."

Die Stärken der drei Heeresgruppen wurden jetzt festgelegt. Die Heeresgruppe Nord sollte aus der 16. und

18. Armee mit 18 Infanteriedivisionen und der Panzergruppe 4 (später als Panzerarmee bezeichnet) bestehen. Die Panzergruppe bestand aus drei Panzer- und drei motorisierten Divisionen unter dem Kommando von General Hoepner. Oberbefehlshaber der Heeresgruppe Nord war Generalfeldmarschall Ritter von Leeb.

Die Heeresgruppe Mitte, deren Oberbefehlshaber Generalfeldmarschall von Bock war, bestand aus der 4. und 9. Armee mit 24 Infanteriedivisionen. Unterstützt wurde sie von den Panzergruppen 2 und 3, deren Kommandeure Guderian, der große Panzerstratege, und Hoth waren. Diese beiden verfügten gemeinsam über sieben Panzer- und sieben motorisierte Divisionen.

Die Heeresgruppe Süd unter dem Oberbefehl von Generalfeldmarschall von Rundstedt bestand aus der 6., 11. und 17. Armee, der rumänischen 3. und 4. Armee und von Kleists Panzergruppe 1. Die deutsche 11. und die beiden rumänischen Armeen operierten getrennt von der Masse der Heeresgruppe Süd, die östlich von Lublin und Krakau konzentriert war; sie standen weit südlich am Pruth, der die Grenze zu Bessarabien bildete. Rundstedt verfügte über insgesamt 31 Divisionen, darunter fünf Panzer- und drei motorisierte Divisionen. Im Vergleich zu den beiden anderen Heeresgruppen war er also viel schwächer mit Panzern ausgestattet.

Alle Panzerdivisionen besaßen weniger Panzer, als sie im Jahre 1939 besessen hatten. Schuld daran waren die vielen Neuaufstellungen von Panzerdivisionen, für die Teile der schon bestehenden Divisionen abgegeben werden mußten. Das erwies sich teilweise sogar als günstig, denn die ursprüngliche Stärke der Panzerdivisionen – fast 400 Panzer – war eindeutig zu hoch, während andererseits viele Fahrzeuge (Panzerkampfwagen II und sogar Panzerkampfwagen I) zu schwach waren. Weniger, aber schwerere Panzer (die Baumuster III und IV) waren wirkungsvoller, wenn sie durch mehr Infanterie verstärkt wurden. Die Panzerdivision des Jahres 1941 setzte sich deshalb aus folgenden Einheiten zusammen: einem Panzerregiment mit zwei (manchmal auch drei) Abteilungen und 150 bis 200 Panzern; zwei motorisierten Schützenregimentern (die bald die Bezeichnung Panzergrenadiere erhielten) mit jeweils zwei Bataillonen, deren Soldaten mit gepanzerten Halbkettenfahrzeugen oder ähnlichen Fahrzeugen transportiert wurden; und ein Kradschützen-Bataillon. Die ebenfalls motorisierte Artillerie bestand aus zwei Sturmgeschützregimentern, einem schweren Regiment und einem Panzerjägerregiment. Weiterhin standen der Division ein Panzerspähbataillon und mehrere Aufklärungsflugzeuge zur Verfügung. Die motorisierten Infanteriedivisionen waren ähnlich aufgebaut, besaßen allerdings keine Panzer und hatten dafür ein zusätzliches Schützenregiment. Diese Divisionen hatten die Aufgabe, mit den Panzern Schritt zu halten und ihre eigenen Infanterieregimenter beim Angriff oder bei Säuberungsunternehmen gegen vereinzelte Widerstandsnester zu unterstützen.

Der hohe Motorisierungsgrad dieser beiden Formationen hob sie deutlich von gewöhnlichen Infanteriedivisionen ab, deren Ausrüstung sich kaum – falls überhaupt – von der der kaiserlichen Infanterie unterschied, die 1914 in den Krieg marschiert war. Bespannte Artillerie- und Nachschubkolonnen, mit Gepäck marschierende Bataillone: Das waren keine Verbände, mit denen die Deutschen Kesselschlachten gewinnen konnten. Aber der Westfeldzug des Jahres 1940 hatte bewiesen, daß die Geschwindigkeit der gepanzerten Angriffsspitzen bei dieser neuen Kriegführung nach deutscher Art den Ausschlag gab. Solange die Infanterie eine gleichmäßige Marschleistung von 30 bis 40 Kilometern pro Tag garantieren konnte, durften die Panzer es riskieren, bis zu 100 Kilometer weit auf gegnerisches Gebiet vorzustoßen. Dort brauchten sie sich nur zwei bis drei Tage zu halten, bis die langsamer vorankommende Infanterie zu ihnen aufschloß.

Der Aufmarsch dieser vielen Infanterie- und Panzerdivisionen für „Barbarossa" sollte bis 15. Mai 1941 abgeschlossen sein. Die Truppen sollten in vier Wellen nach Osten verlegt werden. Als die Weisung Nr. 21 erlassen wurde, befand die erste sich bereits in Position. Die zweite sollte Mitte März, die dritte Mitte April und die vierte Ende April eintreffen. Zu diesem Zeitpunkt würde es nicht mehr möglich sein, das Ausmaß des Aufmarsches noch länger zu tarnen. Aber bevor die Angriffstruppen wie geplant zusammengezogen werden konnten, wurde der reibungslose Ablauf der Vorbereitungen für den Ostfeldzug jäh durch die Entwicklung auf dem Balkan unterbrochen.

Ende März stürzte eine Gruppe von nationalistischen und deutschfeindlichen Offizieren unter Führung von General Simovič den Prinzregenten Paul, einen Freund der Nationalsozialisten, und widerrief den Beitritt Jugoslawiens zum Dreierpakt, der es an Deutschland, Italien und Japan band. Hitler, der die Mißerfolge der

Italiener in ihrem Privatkrieg mit Griechenland mit verächtlicher Ungeduld verfolgt hatte, beschloß jetzt, auf dem Balkan direkt und entschlossen zu intervenieren. Truppen, die für „Barbarossa" vorgesehen gewesen waren, wurden umgruppiert und verlegt. Hitler erließ die Weisung Nr. 25, und am 6. April 1941 begann der Balkanfeldzug.

Er dauerte nicht lange: Belgrad kapitulierte am 12. April; ein jugoslawischer General handelte mit deutschen Stabsoffizieren am 17. April einen Waffenstillstand aus; die griechischen Truppen an der Albanienfront, in Epirus und Mazedonien kapitulierten am 20. April; die griechische Regierung gestand ihre Niederlage vier Tage später ein, und das englische Expeditionskorps, das Churchill zur Abwehr der deutschen Intervention nach Griechenland entstandt hatte, begann am gleichen Tag seinen Rückzug, der zum Teil über Kreta führte. Diese Insel wurde am 26. Mai durch eine brillante, aber äußerst verlustreiche Luftlandeoperation von den Deutschen erobert.

Der Balkanfeldzug führte jedoch nicht nur dazu, daß die Wehrmacht nun noch größere Gebiete besetzt hielt. Das war angesichts der strategischen Bedeutung dieser Gebiete wichtig genug. Noch wichtiger – und wie sich später zeigen sollte, sogar entscheidend – war die durch diesen Feldzug notwendig gewordene Verschiebung von „Barbarossa". Das ursprünglich für den 15. Mai angesetzte Unternehmen konnte nun erst Mitte Juni anlaufen, das heißt mit fünf Wochen Verzögerung. Wie Hitler und die Welt später erkennen sollten, vereitelte dieser fünfwöchige Aufschub vielleicht einen Erfolg der Wehrmacht in Rußland. Fünf Wochen waren ein sehr großer Teil des ohnehin kurzen russischen Sommers.

Obwohl die durch den Balkanfeldzug erzwungene Verzögerung Hitler irritierte – anfangs trieb ihn die jugoslawische „Perfidie“ sogar zu Wutanfällen –, ließ er sich dadurch keineswegs von seinem Plan abbringen. So pragmatisch er auch den Entschluß zur Durchführung von „Barbarossa“ gefaßt hatte, war er jetzt von diesem Gedanken wie besessen. Das Deckwort – der Beiname Friedrichs I., der im 12. Jahrhundert an der Spitze eines Ritterheers am dritten Kreuzzug teilgenommen hatte – verrät, in welcher historischen Rolle er sich sah. Und er war entschlossen, sie mitleidlos und raubgierig zu spielen. Hitler erläuterte den Befehlshabern der Wehrmacht seine Ansichten Anfang März 1941; Halder hat sie in Nürnberg wiedergegeben:

„Ein Krieg wie gegen Rußland könne nicht ritterlich geführt werden. Es handele sich um einen Kampf der Weltanschauungen und rassischen Gegensätze, und er sei daher mit nie dagewesener, erbarmungsloser Härte zu führen. Alle Offiziere würden sich überlebter Anschauungen entledigen müssen. Er (Hitler) wisse, daß die Notwendigkeit solcher Art Kriegsführung über die Fassungskraft der Generale hinausgehe, aber er bestehe auf widerspruchsloser Durchführung seiner Befehle. Die Kommissare seien Träger einer dem Nationalsozialismus strikt entgegengesetzten Weltanschauung. Daher seien die Kommissare zu liquidieren. Deutsche Soldaten, die Verstöße gegen das Völkerrecht begingen, seien entschuldbar. Rußland gehöre nicht der Haager Konvention an und könne sich daher nicht auf sie berufen.“

Für viele deutsche Soldaten waren das unerträgliche Gedankengänge, aber keiner von ihnen protestierte offen dagegen, und wie sich später zeigte, führten die meisten von ihnen die in diesem Sinn gegebenen Befehle aus. Für die führenden Männer der SS, der Partei und der Dienststellen, die für die Verwaltung und Ausbeutung der besetzten sowjetischen Gebiete zuständig sein würden, verdeutlichte Hitlers Rede lediglich die Prinzipien, deren Verwirklichung sie bereits seit einiger Zeit detailliert planten. Unter ihren Händen sollte Rußland aus tausend Wunden blutend sterben.

Der große Durchbruch

Die kurze Sommernacht zum 22. Juni 1941 verlief auf der gesamten Länge der sowjetischen Grenze mit Westeuropa ruhig. Der Berlin-Moskau-Expreß überquerte die Grenze fahrplanmäßig. Die Grenzübergänge blieben geöffnet.

Um 3.30 Uhr eröffnete die deutsche Artillerie das Feuer. Die unzulänglichen sowjetischen Grenzbefestigungen verschwanden unter Rauchwolken. Dahinter griffen die deutschen Panzer- und Infanteriespitzen an. Eine vorgeschobene sowjetische Befehlsstelle teilte ihrem Oberkommando über Funk mit: „Wir werden beschossen. Was sollen wir tun?"

„Ihr seid wohl verrückt geworden", lautete die Antwort. „Und warum funkt ihr unverschlüsselt?"

Im Gegensatz zu der Auffassung, die Sowjets seien ahnungslos gewesen, kam der Angriff nicht ganz überraschend – zumindest nicht für die höheren Dienststellen. So hatte der Spion Sorge den Sowjets schon am 20. Mai den genauen Angriffstermin genannt. Und Timoschenko hatte – vermutlich mit Stalins Einverständnis – die Militärräte der Grenzwehrkreise am 21. Juni vor einem möglichen deutschen Angriff im Morgengrauen des nächsten Tages gewarnt und ihnen befohlen, ihre Truppen in Alarmbereitschaft zu versetzen.

Aber diese Warnung kam viel zu spät, als daß noch wirksame Abwehrmaßnahmen gegen den deutschen Angriff hätten getroffen werden können. Tatsächlich wurden die meisten in vorderster Front eingesetzten sowjetischen Einheiten überhaupt nicht gewarnt und in ihren Stellungen überrannt. Das war keine Überraschung. Die Grenzbefestigungen, welche die Rote Armee natürlich erst im September 1939 bezogen hatte (im Südabschnitt, in der ehemals rumänischen Provinz Bessarabien sogar erst seit Juni 1940), waren weder gut ausgebaut noch tief gestaffelt.

Stärke und Tiefe – sowie eine große, mobile Eingreifreserve – sind entscheidend, wenn ein Panzervorstoß abgewehrt werden soll. Die Sowjetunion besaß nichts dergleichen. Die in einigen Abschnitten eindrucksvoll befestigte Stalin-Linie lag zu weit hinter der neuen Grenze, um sie verstärken zu können, und Stalin hatte angeordnet, daß die Rote Armee eine einzige langgestreckte Verteidigungslinie zu besetzen habe. Wo Einheiten in der Tiefe gestaffelt waren, wurden sie in den ersten Tagen offenbar von dem sowjetischen Oberkommando sofort an die Front geworfen, um den deutschen Vormarsch zum Stehen zu bringen. Fehlentscheidungen dieser Art spielten den Deutschen natürlich geradezu in die Hände.

Die deutsche Strategie für die Heeresgruppe Mitte, die entlang der über Minsk und Smolensk nach Moskau führenden Straße angriff, war verhältnismäßig einfach. Die Heeresgruppe sollte einen möglichst großen Teil der dort stehenden sowjetischen Verbände einkesseln, ihnen den Rückzug nach Osten über die Flüsse Düna und

Dnjepr abschneiden und sie dort vernichten. Danach sollte sie die Landbrücke zwischen dem Oberlauf dieser beiden Flüsse (die in die Ostsee beziehungsweise das Schwarze Meer münden) einnehmen und darüber hinweg in Richtung Moskau vorstoßen.

Im ersten Stadium war der Angriff der Heeresgruppe Mitte beinahe schwindelerregend erfolgreich. Die sie unterstützende Luftflotte 2 vernichtete unzählige sowjetische Flugzeuge am Boden und sicherte sich unter schweren gegnerischen Verlusten die Luftherrschaft. Gegen die modern ausgerüsteten, erfahrenen Piloten der deutschen Luftwaffe hatten die Sowjets, die eben erst damit begonnen hatten, eine neue Generation moderner Jäger in Dienst zu stellen, keine Chance. Im Erdkampf fehlten ihrer Infanterie, die überall tapfer kämpfte, die Waffen, mit denen sich der Vorstoß starker Panzerkeile hätte aufhalten lassen; ihre Panzerbüchsen konnten die Panzerung der deutschen Pzkw III und IV nicht durchschlagen, und ihre 4,7-cm-Pak – eine ausgezeichnete Waffe, die später von den Deutschen mit Begeisterung übernommen wurde – stand noch nicht in ausreichender Anzahl zur Verfügung. Deshalb gelang es den Divisionen der Heeresgruppe Mitte, die ihren Angriff mit dem Handikap begannen, als erstes einen Flußübergang erzwingen zu müssen – im Nordteil ihres Frontabschnitts die Memel, im Süden den Bug –, verhältnismäßig leicht, Brückenköpfe zu bilden und aus ihnen weiter vorzustoßen. Brest-Litowsk, die Grenzfestung, in der die Deutschen vor 23 Jahren den Bolschewiken ihre Friedensbedingungen diktiert hatten, hielt sich fast eine Woche lang. Dadurch wurde der deutsche Vormarsch jedoch nicht aufgehalten, obwohl die Festung einen wichtigen Übergang über den Bug beherrschte: Die Deutschen ließen lediglich eine Division als Belagerungstruppe zurück (wie sie es im Jahre 1914 auf dem Weg zur Marne mit Maubeuge getan hatten) und bauten weiter südlich eine neue Brücke.

Dieser Durchbruch war für die der deutschen Heeresgruppe Mitte gegenüberstehende sowjetische Heeresgruppe Westfront, die aus der 3., 4., 10. und 13. Armee gebildet wurde, um so gefährlicher, weil die auf Stalins Befehl besetzte sowjetische Westgrenze seit 1939 bei Bialystok weit nach Westen vorsprang und im Nordteil dieses Vorsprungs den deutschen Stellungen in Ostpreußen gegenüberlag. Als den Deutschen ein weiterer Durchbruch von Ostpreußen aus gelang, drohte allen sowjetischen Kräften vor der Heeresgruppe Mitte die Einkesselung.

In seiner Lagebeurteilung nach zweitägigen Kämpfen gelangte von Bock zu der Überzeugung, daß die Sowjets angesichts der drohenden Einschließung ihre Stellungen räumten und – vielleicht sogar auf Befehl ihres Oberkommandos – nach Osten zurückgingen, um an Düna und Dnjepr neue Verteidigungsstellungen zu beziehen. Deshalb schlug er dem OKH vor, die Panzergruppen, vor allem Hoths Panzergruppe 3, sollten nicht mehr gegen Minsk – 350 Kilometer von ihrem Ausgangspunkt entfernt – angesetzt werden, sondern direkt nach Smolensk am Dnjepr, also 200 Kilometer weiter, vorstoßen. Aber das OKH, das fürchtete, die Panzergruppe könnte abgeschnitten und vernichtet werden, bestand darauf, daß der ursprüngliche Plan eingehalten und zuerst Minsk eingeschlossen wurde. Deshalb begann die Panzergruppe 3 am 24. Juni, wie vorgesehen einzudrehen.

Unterdessen wurde klar, daß die fliehenden Sowjets sich keineswegs auf einem strategischen Rückzug befanden, sondern lediglich unhaltbare Stellungen aufgegeben hatten. Aber diese neuen Stellungen, die sie angesichts der drohenden Einkesselung durch die Panzergruppen und die marschierenden Divisionen der 4. und 9. Armee bezogen, erwiesen sich als kaum besser.

Die Sowjets zogen sich zu langsam zurück, um den deutschen Panzerverbänden entkommen zu können, die mit Marschleistungen bis zu 100 Kilometer pro Tag vermutlich die damals schnellste Truppe der Welt waren. Die vom OKH gehegte Befürchtung, die Panzergruppen würden sich gefährlich verzetteln, wenn man sie zu weit auf eigene Faust vorstoßen ließ, erwies sich jetzt als berechtigt. Die verzweifelt kämpfenden eingekesselten Sowjets entdeckten die schwachen Stellen des Einschließungsrings – vor allem bei Guderians Panzergruppe 2 – und brachen nach Südosten aus. Diese Entwicklung war dem OKH besonders unangenehm, weil die entweichenden Truppenteile sich logischerweise in die Pripjet-Sümpfe zurückziehen würden, aus denen heraus sie die deutschen Nachschubkolonnen bedrohen konnten, die später dort vorbei mußten.

Angesichts dieser Gefahren – der Isolierung von Teilen der Panzergruppe 2 und der Entstehung einer Bedrohung im Rücken der Heeresgruppe Mitte – befahl das OKH den Infanteriedivisionen der 2., 4. und 9. Armee, den Kampf mit dem Gegner zu suchen. Durch diesen Befehl sollte mit militärischen Mitteln erreicht werden, was im Jahre 1940 im Kampf gegen die Franzosen mit psychologischen Mitteln erreicht worden war: die Vernichtung der gegnerischen Widerstandskraft. Aber eingekesselte Russen verhielten sich anders als eingekesselte Franzosen: Sie leisteten erbitterten Widerstand und kämpften bis zur letzten Patrone.

So kam es, daß die Heeresgruppe Mitte am 25. Juni nicht weniger als drei Kesselschlachten gleichzeitig bestritt: eine – die kleinste – im Gebiet der Festung Brest-Litowsk; eine um Bialystok, wo durch den ersten Ansturm sechs sowjetische Divisionen eingeschlossen worden waren; und eine um Wolkowysk, wo bis zum 25. Juni weitere sechs Divisionen des Gegners eingekesselt worden waren.

Am 29. Juni führte die Heeresgruppe Mitte noch eine Kesselschlacht, um knapp westlich von Minsk insgesamt 15 sowjetische Divisionen, die sich auf dem Rückzug befunden hatten oder aus dem Landesinneren als Verstärkungen an die Front geworfen worden waren, zu vernichten. Am nächsten Tag waren die Kessel bei Bialystok und Wolkowysk soweit verkleinert, daß beträchtliche Teile der Einschließungstruppen abgezogen und nach Minsk in Marsch gesetzt werden konnten, um den Panzerring um den dortigen Kessel zu verstärken.

Der Kessel Minsk ergab sich jedoch erst am 9. Juli, denn die zur Unterstützung der deutschen Panzer eintreffende Infanterie hatte weit zu marschieren und mußte auf sehr schlechten und lückenhaften Straßen herangeführt werden.

Am 1. Juli hatte das OKH Befehle für den weiteren

Vormarsch herausgegeben sowie Hoths und Guderians Panzergruppen von Kluge unterstellt, der seine Armee, die jetzt in 2. Armee umnumeriert wurde, General von Weichs übergab und Oberbefehlshaber der 4. Panzerarmee wurde. Als ersten Befehl in seiner neuen Dienststellung erhielt er die Weisung, mit seiner Armee den „Durchbruch in Richtung Moskau“ vorzubereiten. Die Panzergruppe 2 sollte deshalb einen Dnjepr-Übergang südlich von Smolensk erzwingen, um danach der Autobahn Minsk–Moskau zu folgen (Panzerkommandanten, die sich vorstellten, wie sie über die Autobahn rollen würden, sollten jedoch enttäuscht werden, denn die Autobahn befand sich auf weiten Strecken erst in Bau) und die Jelnja-Höhen in der Biegung der Düna zu nehmen. Die an der Nordflanke eingesetzte Panzergruppe 3 sollte ihre gegenwärtige Stoßrichtung beibehalten, an der oberen Düna bis nach Witebsk vorrücken, dort den Fluß überschreiten und das Gebiet nördlich von Smolensk besetzen. Die Infanterie, das heißt die 2. (früher 4.) und 9. Armee, sollte alle Anstrengungen unternehmen, um möglichst mit den Panzerspitzen Schritt zu halten. An der Unterstützung durch die Luftwaffe sollte sich vorerst nichts ändern: Das II. Fliegerkorps unterstützte die südlich vorgehenden deutschen Truppen, während das VIII. Fliegerkorps die Unterstützung im Nordabschnitt übernahm.

Das Unternehmen begann sofort am 3. Juli, noch bevor die Infanterie der beiden marschierenden Armeen der Heeresgruppe Mitte Zeit gehabt hatten, den letzten sowjetischen Widerstand im Minsker Kessel zu brechen. Deshalb wurde der Vorstoß nach Smolensk im Anfangsstadium notwendigerweise als Panzerunternehmen angelegt.

Er stieß fast augenblicklich auf stärkere Gegenwehr, als bisher beobachtet worden war. Die Panzergruppe 2 wurde aufgehalten, als sie bei Borisow an der Hauptstraße Minsk–Smolensk die Beresina zu überschreiten versuchte. Die Überquerung des Dnjeprs bei Rogatschew und der Düna bei Polozk öffnete – zumindest nach Auffassung des Oberkommandos der Heeresgruppe – keine akzeptablen anderen Vormarschwege. In dieser Lage stellte sich das klassische Blitzkriegsdilemma in seiner drängendsten Form: Sollte man die Verzögerung akzeptieren und auf das Herankommen der Infanterie warten – oder war es besser, die Panzer einen Sturmangriff nach Art der Infanterie gegen die feindlichen Stellungen fahren zu lassen? Beide Lösungen waren unbefriedigend. Das Warten auf die Infanterie kostete Zeit, die der Gegner garantiert dazu nützen würde, um seine Stellungen auszubauen und Reserven heranzuführen; ein Sturmangriff bedeutete andererseits, daß die Panzer und ihre motorisierte Infanterie (die bald die Bezeichnung Panzergrenadiere erhalten würde) der Gefahr schwerer Verluste ausgesetzt wurden, die bei diesen speziell ausgebildeten Truppen nicht leicht wettzumachen waren.

Von Bock entschied sich dafür, Verluste zu riskieren, und traf die richtige Entscheidung, die Panzer der Panzergruppe 2 zusammenzufassen, bevor er den Durchbruch versuchte. Sie sollten in den Abschnitt Mogilew am Dnjepr verlegt werden und auf Landstraßen und querfeldein nach Smolensk vorstoßen. Die verbissene Gegenwehr der sowjetischen Verteidiger dieser wichtigen Flußstellung machte das Unternehmen unerwartet schwierig. Erst am 10. Juli, eine Woche nach Beginn der Operation, konnten Einheiten der Panzergruppe 2 Brükkenköpfe am anderen Ufer bilden.

Unterdessen hatte die Panzergruppe 3 jedoch einen wichtigen Durchbruch auf der Nordroute nach Smolensk geschafft, indem sie die sowjetischen Stellungen an der Düna aufgerollt und bei Witebsk einen großen Brückenkopf errichtet hatte. Von Bock erschien diese Entwicklung so vielversprechend, daß er überlegte, ob er einen größeren Teil der Panzergruppe 2 nach Norden entsenden sollte, um von diesem Brückenkopf aus mit verstärkten Kräften durchzubrechen. Meldungen über schlechte Geländeverhältnisse brachten ihn jedoch davon ab, diese Verschiebung zu befehlen, und als der Boden wieder trockener war, hatten Guderians Panzer sich ihren eigenen Brückenkopf bei Mogilew erkämpft.

Erbitterte Kämpfe, die im Bereich der nördlichen und südlichen Brückenköpfe vom 11. bis 13. Juli tobten, führten endlich zu dem wahren Durchbruch, auf den von Bock, Hoth und Guderian so lange gehofft hatten. Hoths Panzergruppe 3 löste sich besonders rasch vom Fluß und stieß mit einer Division am 15. Juli über die Straße Smolensk–Moskau vor. Am nächsten Tag schickte sie eine Division in die Stadt und eroberte sie gleich – zur eigenen Überraschung wie zu der des Gegners. Als die Spitzen der Panzergruppe 2 am 17. Juli das 80 Kilometer südöstlich von Smolensk liegende Jelnja erreichten, war der neue Kessel schon beinahe geschlossen. Er enthielt mehrere Gruppen sowjetischer Divisionen: sechs bis sieben bei Mogilew, drei bis vier bei Witebsk und 12 bis 14 östlich von Smolensk. Keine dieser Gruppen konnte den Deutschen ernsthaft gefährlich werden, denn sie hatten kaum noch Munition und waren fast völlig von ihrem Nachschub abgeschnitten, aber sie mußten am Ausbrechen gehindert und schnellstens zur Kapitulation gezwungen werden.

Auch das hätte hauptsächlich Aufgabe der 2. und 9. Armee sein müssen, aber ihre Divisionen standen in diesem Stadium der Schlacht Mitte Juli bis zu 300 Kilometer hinter den Panzerspitzen und konnten nicht schneller vorrücken, als ihre Füße sie trugen: Mehr als 35 Kilometer Marschleistung pro Tag war ihnen nicht zuzumuten. Deshalb konnten die hastig aufgebauten Riegel aus Panzern, Halbkettenfahrzeugen und abgesessenen Panzergrenadieren nicht verhindern, daß sowjetische Soldaten sich in kleinen Gruppen nach Osten durchschlugen. Am Dnjepr mußte sogar ein breiter Geländestreifen eine Zeitlang völlig unbewacht bleiben, so sehr wurde Guderians Truppe anderweitig beansprucht. Durch diese Lücke konnte eine bedeutende Anzahl von sowjetischen Soldaten – viele noch in geschlossenen Einheiten marschierend – ausbrechen. Dadurch befanden sie sich zwar nicht in Sicherheit, denn im Sommer 1941 war man in Westrußland nirgends sicher, aber sie konnten zumindest bei anderer Gelegenheit weiterkämpfen.

Erst am 27. Juli waren die sowjetischen Truppen ganz eingeschlossen, und erst am 5. August ergaben sich die letzten in diesem Kessel Eingeschlossenen endgültig.

Diese Verzögerung war mit darauf zurückzuführen, daß die Lücke an Dnjepr nicht nur als Fluchtweg, sondern auch – was die Deutschen nur langsam erfaßten – zur Versorgung der Eingekesselten und der Heranführung von Reserven benützt worden war. Diese Entdekkung vervollständigte das von der deutschen Aufklärung entworfene Bild, aus dem hervorging, daß die Sowjets auf den Blitzkrieg weit entschlossener und anpassungsfähiger reagierten als die Gegner, mit denen die Wehrmacht im Westen zu tun gehabt hatte. Trotz des deutschen Ansturms und des Zusammenbruchs der Grenzbefestigungen, die fast überall in wenigen Stunden überrannt worden waren – ganz zu schweigen von der handgreiflichen Widerlegung der großspurigen Behauptungen, diese Befestigungen seien unüberwindbar und die Rote Armee sei unbesiegbar –, behielt die sowjetische Führung die Nerven. Am 23. Juni war ein Staatliches Verteidigungskomitee (GKO) gegründet worden, dem Stalin, Woroschilow (Volkskommissar für Verteidigung), Berija (Chef des NKWD, der politischen Geheimpolizei), Molotow (Außenminister) und Malenkow (Stalins Stellvertreter im Parteiapparat) angehörten. Diesem Staatlichen Verteidigungskomitee direkt unterstellt war die *Stawka*, das sowjetische Oberkommando, das nach seiner Reorganisation am 10. Juli aus folgenden Mitgliedern bestand: Stalin, Molotow und Woroschilow als Vertreter der Partei, Timoschenko, Budjonny, Schaposchnikow, der Chef des Generalstabs, und Schukow, der Sieger am Chalchin-Gol während der japanischen Invasion des Jahres 1939, als Vertreter der Roten Armee. Diese Mischung aus Parteimitgliedern und

Armeeangehörigen entsprach nicht nur der herkömmlichen kommunistischen Praxis, sondern war auch ein Zeichen für die Wiedereinführung direkter politischer Kontrolle im Bereich der militärischen Führung. Die „Doppelführung" (die gemeinsame Verantwortung von Offizier und Kommissar) wurde am 16. Juli bei der Roten Armee wiedereingeführt.

Eine andere Wiedereinführung, die allerdings auf eine ältere politische Tradition zurückging, war die Hinrichtung erfolgloser (offiziell als „schuldig" bezeichneter) Generale: Der Befehlshaber der Westfront, General Pawlow, dessen Truppen dem Ansturm der Heeresgruppe Mitte nur so kurz standgehalten hatten, wurde Anfang Juli mit seinem Frontstabschef und seinem Chef der Nachrichtentruppen standrechtlich erschossen. Sie waren nicht die letzten Opfer, und es traf nicht nur Generale: Hinter der gesamten sowjetischen Front wurden NKWD-Einheiten – „rückwärtige Sicherungsabteilungen" – eingesetzt, um Soldaten abzufangen, die das Schlachtfeld einzeln oder in geschlossenen Formationen ohne ausdrücklichen Befehl verließen.

Stalin und die *Stawka* sorgten nicht nur dafür, daß ihre Befehle auf allen Ebenen strikt befolgt wurden, sondern ordneten am 10. Juli auch eine realistischere Gliederung der zur Verteidigung verfügbaren Kräfte an. Sie ließen drei neue Fronten (eine sowjetische Front entspricht einer westlichen Heeresgruppe) bilden, deren Bereiche etwa denen der ihnen gegenüberstehenden deutschen Heeresgruppen entsprach. Der Heeresgruppe Süd (Rundstedt) stand jetzt die sowjetische Südwestfront gegenüber, deren Befehlshaber Marschall Budjonny war

Rundstedt intellektuell unterlegen, aber eine charismatische Gestalt aus der heroischen Zeit der Roten Armee im Bürgerkrieg. Zu seinem politischen Kommissar ernannte Stalin Nikita Chruschtschow, einen vertrauenswürdigen Mitarbeiter, der zuvor die Kollektivierung in der Ukraine vorangetrieben hatte. Der Heeresgruppe Mitte (Bock) stand nun eine neue Westfront unter Timoschenkos Befehl gegenüber, und die Heeresgruppe Nord hatte eine Nordwestfront vor sich, die nominell von Woroschilow befehligt wurde.

Aber auch mit Reorganisation unten und Entschlossenheit oben war dem drängendsten Problem der Sowjetunion nicht beizukommen: dem Mangel an ausgebildeten Soldaten und erstklassigem Material an der Front. Mitte Juli hatten die sowjetischen Verluste schwindelnde Höhen erreicht. Die Rote Luftwaffe hatte über 3000 Flugzeuge verloren, die meisten davon innerhalb der ersten fünf Tage – und das war eine vorsichtige Schätzung, denn andere nannten bis zu 6000 Maschinen, was praktisch dem gesamten Bestand an Flugzeugen der ersten Linie entsprach. Die Verluste im Landkrieg lagen noch höher: Am 8. Juli rechnete das OKH damit, von 164 identifizierten sowjetischen Divisionen 89, das heißt über die Hälfte vernichtet zu haben. Diese Schätzung wurde durch Meldungen der Heeresgruppe Mitte bestätigt, die nachweisen konnte, daß sie vier sowjetische Armeen zerschlagen, 300 000 Gefangene gemacht und 2500 Panzer und 1400 Geschütze erbeutet hatte. In der Kesselschlacht bei Smolensk, die mit Stalins Reorganisation seines Oberkommandos zusammenfiel, machte die Heeresgruppe Mitte weitere 310 000 Gefangene und erbeutete 3200 Panzer und 3100 Geschütze. Dabei handelte es sich zugegebenerweise um teilweise zweitklassiges Gerät – die Rote Armee verfügte erst über wenige Panzer der neuen Typen T 34 und KW 1 –, aber die Arsenale enthielten nicht mehr viel, was solche Verluste wettmachen konnte. Die Menschenverluste ließen sich nur durch Einberufung von Reservisten oder den Einsatz von paramilitärisch ausgebildeten *Ossoawiachim*-Angehörigen ausgleichen. Vernichtete Einheiten wurden durch die Neuaufstellung von Abteilungen der *Opoltschenie,* der „Volksmiliz", ersetzt.

Aber trotz der Katastrophen und der offenkundigen Unfähigkeit eines großen Teils der Militärmaschinerie kam es nur selten vor, daß sich größere Einheiten kampflos ergaben. Stalins Appell, einen „Vaterländischen Krieg" zu führen, kam bei diesen Menschen mit traditionell starker Heimatbindung gut an: Sowjetische Soldaten ergaben sich, wenn ihnen nichts anderes übrigblieb, und gingen manchmal zu Zehntausenden in deutsche Gefangenschaft. Aber die meisten deutschen Feldzugsberichte – offizielle wie private – betonen ihre hartnäckige Weigerung, sich zu ergeben, bevor sie nicht vollständig eingekesselt waren und sich verschossen hatten.

Zu diesem Zeitpunkt befaßten die Deutschen sich jedoch nur am Rande mit dem Zustand der sowjetischen Kampfmoral. Sie waren von dem rein materiellen Umfang ihres Sieges im mittleren Frontabschnitt fast überwältigt, während sie seine Auswirkungen berechneten und über die Zukunft nachdachten. Schließlich war nicht nur die Heeresgruppe Mitte sehr erfolgreich gewesen. Auch die beiden anderen Heeresgruppen hatten große Geländegewinne erzielt und die feindlichen Truppen vernichtend geschlagen.

Der Heeresgruppe Nord, die mit nur 20 Infanteriedivisionen und einer einzigen Panzergruppe, Hoepners Panzergruppe 4, die schwächste war, war in der Weisung Nr. 21 für „Barbarossa“ Leningrad als Angriffsziel zugeteilt worden; sie sollte außerdem die Ostseeküste sichern und vor allem die sich ihr entgegenstellenden sowjetischen Kräfte vernichten.

Da die Panzergruppe 4 es am 22. Juni lediglich mit einer sowjetischen Schützendivision zu tun hatte, die noch dazu über eine Frontlänge von 65 Kilometern verteilt war, konnten die Grenzbefestigungen sehr rasch und leicht durchstoßen werden. Die Heeresgruppe Nord marschierte in drei Kolonnen – die 18. Armee an der Ostseeküste, die Panzergruppe 4 in der Mitte und die 16. Armee am rechten Flügel in Anlehnung an die nördlichsten Divisionen der Heeresgruppe Mitte –, stieß rasch nach Litauen vor und hatte sich am 30. Juni bereits Brückenköpfe jenseits der Düna gesichert, an der die Stalin-Linie verlaufen sollte. Die Panzergruppe drang unaufhaltsam weiter vor und erreichte nach einigen Umwegen am 4. Juli Ostrow jenseits der bis zum Jahre 1939 existierenden Grenze zwischen der Sowjetunion und Lettland.

Zehn Tage später stand das XLI. Korps der Panzergruppe 4, das etwa vorhandene sowjetische Kräftekonzentrationen umgangen hatte, an der Luga, dem letzten bedeutenden Flußhindernis vor Leningrad – nur noch 100 Kilometer von der Stadt entfernt.

Die Heeresgruppe Süd, deren Befehlshaber, Generalfeldmarschall Gerd von Rundstedt, der orthodoxeste, aber vielleicht auch persönlich eindrucksvollste aller Generale des deutschen Ostheeres war, hatte sich in ihrem Abschnitt südlich der Pripjet-Sümpfe ebensowenig wie die beiden anderen von den sowjetischen Grenzbefestigungen aufhalten lassen. Rundstedts Heeresgruppe setzte sich aus Verbänden mit unterschiedlicher Kampfstärke zusammen: Im Norden stand seine eigentliche Manövriermasse aus deutschen Infanteriedivisionen und der Panzergruppe 1; im Süden waren ihm rumänische Divisionen und ein ungarisches Korps unterstellt, die alle aus der Zeit der Kleinen Entente schlecht mit französischen Waffen ausgerüstet waren. Die verbündeten Truppen sollten die sowjetische Front östlich der Karpaten durchstoßen und dann parallel zu den deutschen Armeen in die Ukraine einmarschieren. Ihr Ziel war die ukrainische Hauptstadt Kiew, eines der wichtigsten Industriezentren der Sowjetunion.

Dem ersten Vorstoß der Heeresgruppe Süd folgte Anfang Juli einer der wenigen erkennbaren großangelegten Gegenangriffe, die von der *Stawka* in den ersten Wochen der Katastrophe veranlaßt wurden. Die sowjetische 5. Armee, die sich in die Pripjet-Sümpfe zurückgezogen hatte, und die aus der Steppe heraus operierende 6. Armee versuchten auf taktisch vernünftige Weise, die deutschen Panzerspitzen, das heißt die auf Kiew vorstoßende Panzergruppe 1, durch Angriffe von beiden Flanken abzuschneiden. In der Praxis zeigte sich jedoch, daß die noch unerfahrenen sowjetischen Einheiten nicht imstande waren, die kampferprobten Deutschen zu

Ein Pionierzug setzt über den Bug bei Litonitz (22. Juni 1941)

Eine motorisierte Kolonne zieht durch die Ruinen von Minsk

Im Vordergrund ein deutscher 35-t-Panzer, dahinter Panzer vom Typ Mark III

Minsk nach der Bombardierung durch die deutsche Luftwaffe

Ein großer Teil der sowjetischen Luftstreitkräfte wurde bereits am Boden zerstört

Infanterie überwindet in Sturmbooten die Desna

Pzkw Mark II setzen durch einen Nebenfluß der Desna bei Guderians Marsch nach dem Süden

erschüttern, die rasch ihre Flanken sicherten und dann genügend Kräfte zusammenzogen, um die Angriffe abzuwehren. Durch diesen Vorstoß retteten die Sowjets zwei ihrer Armeen – die 12. und 26. Armee – vor der Einschließung, aber der Angriffszweck wurde nicht erfüllt. Die Heeresgruppe Süd wurde im Gegenteil kaum aufgehalten: Ihre Panzer stießen nach erfolgreichen Abwehrkämpfen erneut vor und waren am 11. Juli bis auf 15 Kilometer an Kiew herangekommen.

Die Ergebnisse der Kämpfe an den Fronten der drei Heeresgruppen waren spektakulär. Schon einen Monat nach Angriffsbeginn standen die Panzer der Heeresgruppen Nord und Süd nur noch einen Tagesmarsch weit von ihren Hauptzielen entfernt, und im Abschnitt der Heeresgruppe Mitte waren mehr Gefangene eingebracht und dem Gegner Verluste zugefügt worden, als zuvor für möglich gehalten worden wäre. Außerdem hatte der deutsche Angriff neue Rekorde für die Vormarschgeschwindigkeit aufgestellt: Die Spitzen der Heeresgruppe Mitte standen am 15. Juli fast 800 Kilometer östlich ihres Ausgangspunktes am 22. Juni. Diese Erfolge brachten das OKH wie das OKW, in der Person Hitlers, zu der Überzeugung, der Ostfeldzug sei nach diesen ersten vier Wochen so gut wie abgeschlossen und es gehe lediglich noch darum, das Entkommen weiterer zerschlagener sowjetischer Truppenverbände nach Osten zu verhindern. Die Frage, wie dieser Rückzug zu verhindern sei, und die Festlegung anderer Aufgaben für die siegreichen Einheiten des Ostheeres sollten jedoch zu schweren Auseinandersetzungen innerhalb des deutschen Oberkommandos führen.

Meinungsverschiedenheiten zwischen Hitler und seinen Generalen

Hitlers Vertrauen auf seine militärische Urteilskraft war nur langsam gewachsen. Obwohl er im Gegensatz zu seinen Generalen recht behalten hatte, als er vorausgesagt hatte, daß die Rheinlandbesetzung im Jahre 1936 und der Anschluß Österreichs im Jahre 1938 ohne Folgen bleiben würden, und obwohl er Ablauf und Dauer des Blitzkriegs gegen Polen im Jahre 1939 zutreffender als sie vorhergesagt hatte, war er sich seiner Begabung für die Lösung großer strategischer Fragen noch nicht völlig sicher und ließ deshalb zu, daß das Oberkommando des Heeres im Winter 1939/40 lange Monate über Plänen für einen Angriff im Westen saß und immer wieder neue Ausflüchte machte.

Die Bedenken des Oberkommandos betrafen nicht nur Art und Zeitpunkt des Angriffs, sondern reichten bis zu Zweifeln an seiner Notwendigkeit und sogar, wie durch von Leeb geäußert, an seiner moralischen Berechtigung. Sowohl Brauchitsch, der Oberbefehlshaber des Heeres, als auch Halder, der Chef des Generalstabs (im OKH), versuchten Hitler mehrmals davon zu überzeugen, daß ein deutscher Angriff gegen Frankreich, das heißt der Überfall einer schwächeren Macht auf eine stärkere, mit einer Katastrophe enden müsse.

Selbst nachdem Hitler solche Befürchtungen vorschnell und verächtlich zurückgewiesen hatte, hatten die Generale sich bemüht, den Angriffsbeginn möglichst weit hinauszuschieben, indem sie offenkundig halbherzige Pläne vorlegten und technische Einwände gegen die vielversprechenderen Pläne anderer (darunter Hitler persönlich) erhoben.

Der vollständige deutsche Sieg im Westen trug dann sehr viel dazu bei, daß Hitler nach eigener Überzeugung und zumindest vorläufig in den Augen seiner Generale als erstklassiger Stratege dastand. Tatsächlich wäre es ungehörig gewesen, wenn Männer, die bereit waren, sich Marschallstäbe von ihm verleihen zu lassen (von den zwölf für diese Ehrung vorgesehenen Generalen weigerte sich keiner, sie anzunehmen), anders gedacht hätten.

Im Innersten hegten deutsche Generalstäbler jedoch weiterhin Zweifel an Hitlers Fähigkeiten auf operativer Ebene, also auf der Ebene, auf der große strategische Entscheidungen trotz aller Versuche des Gegners, sie zu durchkreuzen, in die Tat umgesetzt werden – kurz gesagt die schwierigste Ebene überhaupt.

Operative Fähigkeiten konnten nach herrschender Lehrmeinung nur durch jahrelange Ausbildung und praktische Übung in Friedens- und Kriegszeiten erworben werden, weil ihre Anwendung höchst detaillierte Fachkenntnisse über die Einsatzmöglichkeiten sämtlicher Einheiten einer Armee erforderte. Diese Detailkenntnisse fehlten Hitler – oder schienen ihm zu fehlen. Daher kamen die geistigen Vorbehalte des Generalstabs gegen die Gesamtqualität seines militärischen Urteilsvermögens, wobei diese Zweifel noch durch Hitlers nachweisliche Unsicherheit im Verlauf des Westfeldzugs genährt wurden.

Das wichtigste Indiz für diese Unsicherheit war natürlich die Entscheidung, die deutschen Panzerverbände am 26. Mai 1940 in einem Augenblick vor Dünkirchen haltmachen zu lassen, in dem die Wehrmacht in der Lage gewesen wäre, das britische Expeditionskorps zu vernichten. Wie wir jetzt wissen, wurde Hitler zu dieser Entscheidung von Rundstedt gedrängt – einem der geachtetsten, aber auch orthodoxesten Köpfe in der Wehrmachtsführung. Diese Tatsache wurde von der Generalität jedoch geflissentlich übersehen, denn die Generale zogen es weiterhin vor, Hitler für einen Mann mit erstaunlicher strategischer Begabung zu halten, der jedoch für die operative Führung eines Feldheeres ungeeignet war.

In Wirklichkeit wäre es verwunderlich gewesen, wenn sie – unabhängig von der Beweislage – anderer Auffassung gewesen wären. Es war nicht nur unerwünscht, daß ein Staatsoberhaupt versuchte, größere militärische Operationen sozusagen ferngesteuert zu führen (obwohl Hitler das gegen Kriegsende natürlich monate- und sogar jahrelang tat). Es widersprach auch völlig dem Kasteninteresse der deutschen Generalität, etwa zuzugeben, daß das überhaupt möglich war, denn sobald sie auf ihre Entscheidungsbefugnisse und Verantwortlichkeiten als Frontkommandeure verzichteten und zugaben, daß ein Mann an einem Kartentisch imstande sei, den Kampfwert ihrer eigenen Truppe besser zu beurteilen, die Stärken und Schwächen des Gegners besser abzuschätzen und die Schwere der Kämpfe sowie den Zeitpunkt für entscheidende Bewegungen besser zu erfassen, hatten sie ihre Rolle als professionelle militärische Führungskräfte ausgespielt. Dann mußten sie in Zukunft damit rechnen, nur mehr als Befehlsübermittler des Obersten Befehlshabers der Wehrmacht fungieren zu dürfen.

Die sehr kurze Dauer aller bisher von der Wehrmacht geführten Feldzüge hatte verhindert, daß Hitler sich nachhaltig in die tägliche Führungsarbeit einschaltete. Ein weiterer, vielleicht noch wichtigerer Faktor war die außergewöhnlich problemlose Art und Weise, in der die großangelegten strategischen Planungen auf dem Schlachtfeld in die Tat umgesetzt worden waren und die gewünschten Ergebnisse gebracht hatten. Was den ersten Monat von „Barbarossa" betraf, schienen die Ereignisse sich zu wiederholen: Der große strategische Wurf des Führers wurde von sachkundigen militärischen Profis in die Tat umgesetzt und rollte majestätisch ab, während sein Schöpfer diese Entwicklung lediglich wohlwollend beobachtete und aufmunternd kommentierte.

Mitte Juli wurde jedoch deutlich, daß diese sehr befriedigende Arbeitsteilung nicht mehr lange existieren würde. Angesichts von Hitlers Charakter und dem bloßen Ausmaß des Rußlandfeldzugs war keine andere Entwicklung möglich.

Die Zahl der eingesetzten Soldaten und die zurückgelegten Entfernungen waren soviel größer als die bisherigen Erfahrungswerte der Wehrmacht, die zu erreichenden Ziele soviel weiter verstreut und die ganze Zielsetzung dieses Feldzugs soviel grandioser, daß kein noch so vorausschauender Generalstab und keine noch so umfassende Planung Vorkehrungen für alle Eventualitäten hätten treffen können. Im Gegenteil würden operative Fähigkeiten höchsten Grades erforderlich sein – sie erwiesen sich bereits als nötig –, wenn der Sieg innerhalb des von Hitler gesetzten Termins errungen werden sollte. Deshalb begann er allmählich, sich in die operative Führung der über die Steppe vorstoßenden deutschen Truppen einzumischen.

Bei seinen Eingriffen in die Führung des Rußlandfeldzugs bediente Hitler sich des Oberkommandos der Wehrmacht (OKW) und speziell dessen Abteilung Wehrmachtführungsstab, an deren Spitze Jodl stand. Die Befugnisse des OKWs waren ursprünglich nicht operativ gewesen und erstreckten sich offiziell noch immer nicht auf die Überwachung der Kriegführung in Rußland (es gab jedoch „OKW-Kriegsschauplätze", zu denen Nordafrika und eigenartigerweise Finnland gehörten). Das Feldheer stand unter der Führung des Oberkommandos des Heeres (OKH). Aber Hitlers zweimal pro Tag stattfindende Lagebesprechungen fanden natürlich im OKW statt, und die OKH-Offiziere mußten dort erscheinen, um Bericht zu erstatten.

Obwohl die beiden führenden Männer im OKH, Brauchitsch und Halder, eifrige Verfechter des Prinzips der operativen Autonomie des Heeres waren, war zum Nachteil des Heeres keiner von ihnen charakterstark genug, um diese Selbständigkeit auch wirksam zu verteidigen.

Halder, der Chef des Generalstabs, war intelligent genug, um zu erkennen, wohin es führen würde – und bereits führte –, wenn Hitler das OKH zusehends weiter entmachtete, aber er hatte keine Möglichkeit, diese Entwicklung aufzuhalten. Brauchitsch, der sich ihr hätte entgegenstemmen können und sollen, war erst recht nicht der Mann dafür, weil er seine Karriere als Oberbefehlshaber des Heeres seiner Willfährigkeit Hitler gegenüber verdankte. Als Nachfolger des Freiherrn von Fritsch, nachdem dieser im Jahre 1938 mit Hilfe gefälschter Beweise wegen eines „Sittlichkeitsverbrechens" verurteilt und zum Rücktritt gezwungen worden war, hatte er sich sofort mit der Verabschiedung mehrerer anderer hoher Offiziere, die den neuen Herren nicht genehm waren, einverstanden erklärt und die Hilfe der Partei in Anspruch genommen, um seine Scheidung zu beschleunigen und wieder heiraten (eine überzeugte Nationalsozialistin) zu können. Danach hatte er in fast allen Fällen geschwiegen, in denen es darauf angekommen wäre, Hitler mannhaft entgegenzutreten. Als er sich bei einer Gelegenheit doch dazu aufraffte, argumentierte er so schwach und mußte als Antwort eine solche Flut von Beschimpfungen über sich ergehen lassen, daß er vermutlich beschloß, so etwas nie wieder zu riskieren.

Aber die Notwendigkeit, sich Hitler entgegenzustellen, wurde jetzt offenkundig, als eine echte und äußerst wichtige Meinungsverschiedenheit zwischen ihm und seinen Frontkommandeuren zutage trat. In vieler Beziehung erinnerte diese Meinungsverschiedenheit an die drei Jahre später im Alliierten Oberkommando in Frankreich auftretende, als Montgomery und Eisenhower sich nach der Vernichtung des deutschen Westheeres in der Normandie nicht darüber einig waren, wie dieser Anfangserfolg am besten genutzt werden könnte. Montgomery plädierte damals für eine „schmale Front", einen Vorstoß nach Nordosten, an dessen Spitze englische Truppen stehen sollten und der mit sämtlichen Transport- und Nachschubmitteln der Alliierten Streitkräfte unterstützt werden sollte, um den deutschen Westwall zu durchstoßen und das Ruhrgebiet, das wichtigste deutsche Industriezentrum, zu erobern.

Eisenhower, der gewisse Befürchtungen wegen der Stärke der feindlichen Kräfte hegte, die bei den Kämpfen in der Normandie der Vernichtung entgangen oder noch gar nicht zum Einsatz gekommen waren, und zudem fürchtete, der alliierte Nachschub könne nicht über so weite Strecken nachgeführt werden, wie Montgomery sich offenbar vorstellte, plädierte für eine „breite Front", die er schließlich auch durchsetzte. Die alliierten Armeen sollten gemeinsam vorrücken, um den Gegner auf möglichst breiter Front zum Kampf zu zwingen, mehrere Routen nach Deutschland hinein öffnen und Stützpunkte erobern, von denen aus das Ruhrgebiet eingeschlossen, anstatt durch einen Frontalangriff gestürmt werden konnte.

Diese Analogie ist keineswegs vollkommen, denn wie wir sehen werden, forderte Hitler eine drastischere Lösung des sowjetischen Problems, als Eisenhower in seinem Fall vorschlug; aber Montgomery und die deutschen Generale vertraten eine ähnlich radikale Einstellung, während es in der Versorgungslage der Jahre 1941 und 1944 wichtige Ähnlichkeiten gab, die jedoch anscheinend niemand wahrnehmen wollte. Die Wehrmacht war im Rußlandfeldzug bei Nachschubtransporten in erster Linie auf Straßen angewiesen, wie es die Alliierten im Herbst 1944 ebenfalls waren – allerdings im Osten nicht wegen der vernichtenden Wirkung der eigenen Luftangriffe auf das vorhandene Eisenbahnnetz, sondern weil die Eisenbahngleise der russischen Breitspur (1524 mm) auf die europäische Normalspur (1435 mm) umgenagelt werden mußten. Aber wie Montgomery scherten die energisch vorwärtsdrängenden Panzerkommandeure sich wenig um berechtigte Klagen über die Schwierigkeiten, die zu überwinden waren, um den Nachschub auf schlechten Straßen, die noch dazu unter den Kriegseinwirkungen gelitten hatten, von weit entfernten Nachschublagern an eine Front zu bringen, die sich in ständiger Bewegung befand.

Die ersten Andeutungen über die Gedankengänge, die einen so schweren Konflikt mit seinen Generalen auslösen sollten, machte Hitler am 8. Juli, als er zu erkennen gab, daß er – offenbar wegen der dort zu erwartenden reichen wirtschaftlichen Beute – in Erwägung ziehe, statt Moskau oder Leningrad die Ukraine zu erobern. Das war eine Umkehrung der strategischen Prioritäten, wie sie in Hitlers Weisung Nr. 21 für „Barbarossa" festgelegt worden waren: Nach der Vernichtung der sowjetischen Kräfte in Weißrußland sollten zuerst Leningrad und die Ostseeküste besetzt werden, bevor Moskau an der Reihe war.

„Nur ein überraschend schnell eintretender Zusammenbruch der russischen Widerstandskraft könnte es rechtfertigen, beide Ziele gleichzeitig anzustreben." Die Ukraine hatte jedenfalls immer an dritter Stelle gestanden.

Die Vernichtung der Roten Armee durch Kesselschlachten erwies sich bereits Mitte Juli als eine für die deutschen Panzerverbände zu umfangreiche Aufgabe. Besonders besorgniserregend war die Tatsache, daß sich Reste der sowjetischen Grenztruppen – in diesem Fall Einheiten der 5. Armee – noch immer in den Pripjet-Sümpfen hielten. Nachträglich stellte sich heraus, daß ihre Schlagkraft nur gering war, aber die von ihr ausgehende Bedrohung der Südflanke der Heeresgruppe Mitte und der Nordflanke der Heeresgruppe Süd war überzeugend genug, um den Schluß nahezulegen, die Nachschub- und Verbindungslinien dieser beiden Heeresgruppen seien gefährdet. Außerdem blieben die rückwärtigen Verbindungen der sowjetischen 5. Armee zunächst noch intakt.

Am 19. Juli erließ Hitler die Weisung Nr. 33: „Fortführung des Krieges im Osten", um diese Situation zu bereinigen. Er betonte darin, daß durch die nächsten Operationen vor allem die verbliebenen Kräfte der Roten Armee westlich der Dnjepr-Düna-Linie vernichtet werden sollten – vor allem die sowjetische 5. Armee in den Pripjet-Sümpfen und die 6. und 12. Armee in der Ukraine.

Hitler bestimmte auch, daß diese Ziele erreicht werden sollten, indem ein großer Teil der Panzerverbände der Heeresgruppe Mitte nach Süden einschwenkte. Sie sollten gemeinsam mit Kräften des Nordflügels der Heeresgruppe Süd (mit der deutschen 6. Armee und von Kleists Panzergruppe 1) angreifen. Die restlichen Panzerverbände der Heeresgruppe Mitte sollten die Verbindungslinie Moskau–Leningrad durchschneiden und den

Vorstoß der Heeresgruppe Nord auf Leningrad an der rechten Flanke decken.

Das bedeutete einen massiven Eingriff Hitlers in die operative Führung des Rußlandfeldzugs. Aber weder Brauchitsch noch Halder hielten es für angezeigt, zu diesem Zeitpunkt Einwände zu erheben. Tatsächlich dürfte ihre Lagebeurteilung sich damals noch nicht sonderlich von der Hitlers unterschieden haben. Untergeordnete Truppenführer, vor allem Panzerkommandeure und unter ihnen in erster Linie Guderian von der Panzergruppe 2 reagierten jedoch allergisch auf Hitlers Versuch, das Ausmaß ihrer Vorstöße durch die wenig krisenfesten sowjetischen Verteidigungslinien vor ihnen und ihrer Geländegewinne in Richtung Osten zu beschneiden.

Sie hatten zu diesem Zeitpunkt noch keine Möglichkeit, Gegenvorstellungen bei Hitler zu erheben, der von Tag zu Tag besorgter wegen der Hartnäckigkeit wurde, mit der eingeschlossene Russen kämpften, und vielleicht im stillen schon damit begonnen hatte, die Vor- und Nachteile von Geländegewinnen und der Vernichtung feindlicher Truppen gegeneinander abzuwägen. Jedenfalls erließ Hitler am 23. Juli eine Ergänzung zur Weisung Nr. 33, die das schon Befohlene nachdrücklich unterstrich. Sie verschob den Angriff auf Moskau, bis die Säuberungsaktionen im Raum Smolensk abgeschlossen waren, und wollte den Angriff gegen die sowjetische Hauptstadt danach in erster Linie von Infanterieverbänden führen lassen. Da die Infanteriespitzen der Heeresgruppe Mitte zu diesem Zeitpunkt noch mindestens 350 Kilometer von Moskau entfernt waren, sollte dieser Teil der Weisung offenbar eher etwas Erstrebenswertes bezeichnen, als eine Absicht ausdrücken.

Zudem blieb die Masse der sowjetischen Kräfte vor der Front der Heeresgruppe Mitte versammelt und wurde von Marschall Timoschenko in der dritten Juliwoche zu einem heftigen, aber ungeschickt vorgetragenen Gegenangriff angetrieben. Bei den anhaltenden Kämpfen erlitten Guderians und Hoths Panzergruppen Verluste, die um so schwerwiegender waren, als allein durch die Abnutzung während des langen Vormarsches rund 50 Prozent ihrer Panzer ausgefallen waren.

Das alles schien Hitlers Ansicht, die im OKW durchaus nicht auf Widerspruch stieß, zu bestätigen: „Der Russe ist mit operativen Erfolgen nicht zu schlagen, weil er sie einfach nicht anerkennt. Daher muß er Stück für Stück in kleiner, taktisch zu wertender Umfassung zerbrochen werden." (26. Juli)

Auf der Grundlage solcher Überlegungen sowie der in der Ergänzung zu Hitlers Weisung Nr. 33 festgelegten Richtlinien erteilte Brauchitsch den Heeresgruppen jetzt detaillierte Befehle für die Fortführung ihrer Operationen.

Was die Weiterführung der Operationen der Heeresgruppe Mitte betraf, schrieb er ihr vor, zunächst mit Unterstützung der Panzergruppen die sowjetische 5. Armee in den Pripjet-Sümpfen zu vernichten.

Guderian, der aus seinem Befehlsstand abberufen worden war, um bei einer Kommandeursbesprechung im Hauptquartier der Heeresgruppe Mitte in Nowi Borosow diese Befehle in Empfang zu nehmen, war wütend über die geplante Verwendung seiner Panzer, die er verständlicherweise für einen Mißbrauch hielt. Da er jedoch anläßlich dieses Treffens zum Armeebefehlshaber befördert worden war (so daß seine Panzergruppe nun als Armeegruppe Guderian bezeichnet wurde), beschloß Guderian, sich nicht allzu sehr von den hier erhaltenen Anweisungen beengen zu lassen. Seine Entschlossenheit wurde auch durch die Tatsache gefördert, daß er dank seiner Beförderung nicht mehr dem Befehlshaber der 4. Armee, von Kluge, unterstand, den er nicht leiden konnte (was auf Gegenseitigkeit beruhte). Auf diese Weise war er nur von Bock direkt verantwortlich, dessen Hauptquartier erheblich weiter hinter der Front lag als das von Kluges und dessen Vorstellungen von der Verwendung gepanzerter Verbände viel eher der Guderians entsprach.

Die Methode, für die Guderian sich entschied, um diese Befehle, mit denen er nicht einverstanden war, nicht ausführen zu müssen, hat in der Geschichte des militärischen Ungehorsams eine altehrwürdige Tradition. Er begann eine Schlacht, aus der er seine Truppe unmöglich abziehen konnte – zumindest seiner eigenen Darstellung nach –, bevor sie gewonnen war. Als Schauplatz für sein „hinhaltendes Gefecht" wählte er Roslawl, eine Kleinstadt 110 Kilometer südöstlich von Smolensk, die zwischen Desna und Dnjepr am Schnittpunkt der Straßen nach Moskau, Leningrad und Kiew liegt.

Abgesehen von der Einnahme eines so wichtigen Verkehrsknotenpunktes verfolgte Guderian mit seinem Vorstoß offiziell den Zweck, eine seinen Berichten nach gefährliche Ansammlung sowjetischer Divisionen in der

Umgebung von Roslawl zu zersprengen. Diese feindlichen Divisionen – etwa vier bis fünf – existierten tatsächlich, aber es ist ziemlich unwahrscheinlich, daß sie die Spitze eines großangelegten Gegenangriffs bildeten, wie Guderian es wiederholt darstellte. Zugegebenermaßen scheinen sie ursprünglich zusammengezogen worden zu sein, um den Smolensker Kessel aufzubrechen und die darin eingeschlossenen sowjetischen Verbände zu entsetzen oder zu befreien.

Bei diesem Ausweichmanöver scheint Guderian mit der ausdrücklichen oder stillschweigenden Zustimmung von Bocks, seines Heeresgruppenbefehlshabers, gehandelt zu haben, dem es nicht recht sein konnte, wenn diese Kräfteverschiebung ihm die Hauptrolle an der Ostfront raubte.

Ebenfalls einverstanden war offenbar das OKH, dessen Vertreter, der am 31. Juli in Guderians Hauptquartier erschien, ihm gegenüber andeutete, das Oberkommando würde es begrüßen, wenn die Front sich gegen Hitlers Neigung, sich in operative Fragen einzumischen, zur Wehr setzen würde.

Unabhängig von der Auffassung von Kluges, von Bocks oder Halders, vielleicht sogar Hitlers wäre es jedoch wenig wahrscheinlich gewesen, daß Guderian einer Entscheidung zugestimmt hätte, die dazu führen mußte, die Panzergruppen von der seiner Meinung nach entscheidend wichtigen Stoßrichtung abzubringen – oder auch nur einem Plan, der einen vorübergehenden Einsatz an anderen Fronten vorsah. Schließlich hatte Guderian die Grundzüge moderner Panzerführung fast allein entwickelt, hatte zweifellos größeren Anteil an der

Ausarbeitung der Blitzkriegsprinzipien gehabt als jeder andere deutsche General seines Dienstalters und besaß unbegrenztes Vertrauen in die Schlagkraft seiner Truppe. Dem Panzergeneral erschien es undenkbar, sich von kleinlichen Sorgen wegen der Sicherheit der Flanken eines Panzerkeils aufhalten zu lassen oder zu versuchen, zweitrangige Aufgaben sozusagen im Vorbeigehen zu lösen. Allein Geschwindigkeit entlang der Hauptstoßrichtung zählte, denn sie machte den Gegner atemlos, brachte Unordnung in seine Reihen, steigerte die Verwirrung seiner Soldaten, sperrte seine Vormarschwege zu der bedrohten Front und vernichtete die Infrastruktur seines Nachschub- und Transportsystems. Aus allen diesen Gründen war Guderian erwartungsgemäß gegen eine Unterbrechung des Vorstoßes nach Moskau, von dem seine Panzerspitzen jetzt nur noch etwa 350 Kilometer entfernt waren. Sie hatten in den vergangenen sechs Wochen bereits über 700 Kilometer zurückgelegt. Würde es länger dauern, die sowjetische Hauptstadt einzunehmen?

Am Vorabend von Guderians Offensive bei Roslawl wurde jedoch die neue Weisung Nr. 34 erlassen, die den Schluß zuließ, daß Hitler sich die Sache nachträglich anders überlegt hatte. Die Weisung bestimmte, daß die Panzergruppen der Heeresgruppe Mitte nicht an die ärmeren Nachbarn im Norden und Süden ausgeliehen werden sollten. In dem einleitenden Abschnitt hieß es: „Die Entwicklung der Lage in den letzten Tagen, das Auftreten starker feindlicher Kräfte vor der Front und in den Flanken der Heeresgruppe Mitte, die Versorgungslage und die Notwendigkeit, den Panzergruppen 2 und 3 etwa 10 Tage Zeit zur Auffrischung ihrer Verbände zu geben, zwingen dazu, die in der Weisung 33 vom 19. 7. und der Ergänzung hierzu vom 23. 7. gestellten weitergehenden Aufträge und Ziele *vorerst* zurückzustellen."

Falls Hitlers Überlegungen sich in Wirklichkeit von den in dieser Weisung angeführten unterschieden, wurden sie niemals recht deutlich.

Denkbar ist jedoch, daß er die Tatsache akzeptierte, daß zu diesem Zeitpunkt gewisse Verzögerungen unvermeidbar waren (das deutsche Nachschubwesen war in Rußland stark überfordert und hätte die Panzer bei einem 300 Kilometer weiten Vorstoß bestimmt nicht mehr versorgen können), und die Gelegenheit wahrnehmen wollte, das Hauptquartier der wichtigsten Heeresgruppe zu besuchen, um wenigstens den Versuch zu machen, sich einen persönlichen Eindruck von den dortigen Bedingungen und den Auffassungen der Kommandeure zu verschaffen.

Am 4. August besuchte Hitler das Hauptquartier der Heeresgruppe Mitte in Nowi Borosow. Dieser Besuch war riskanter, als er ahnte, denn zu von Bocks Stab gehörten mehrere der adligen jungen Offiziere, die sich (auf ziemlich dilettantische Weise) vorgenommen hatten, Hitler zu stürzen. Da sie noch vor Gewaltanwendung zurückschreckten und zudem von der SS-Leibstandarte daran gehindert wurden, an Hitler heranzukommen, schlug ihr Versuch bei dieser Gelegenheit fehl. Er war jedoch ein Omen dafür, was sie in den nächsten drei Jahren mit zunehmender Tatkraft betreiben würden.

Hitler legte es seinerseits darauf an, die Armeebefehlshaber in Nowi Borosow einzeln zu sprechen, damit ihre gemeinsam vorgebrachten Einwände gegen seine Strategie sich nicht als stärker als seine dafür gegebene Begründung erweisen konnten. Das war eine vernünftige Vorsichtsmaßnahme, denn als er von Bock, Guderian und Hoth, den Befehlshaber der Panzergruppe 3, in Einzelgesprächen fragte, wie lange sie jeweils für die Vorbereitung des weiteren Vorstoßes auf Moskau brauchen würden, erklärte von Bock ihm, er könne sofort losschlagen, während Guderian zwei Wochen Vorbereitungszeit und Hoth sogar drei Wochen forderte. Als sie dann zu gemeinsamen Besprechungen geladen wurden, konnten sie nicht mehr vereint gegen seine Absichten protestieren. Es gelang ihnen nicht einmal, die Zusage zu erhalten, daß die Ostfront ausreichend Panzer und Panzerersatzteile für abgeschossene oder auf dem Vormarsch liegengebliebene Fahrzeuge erhalten würde – und das trotz Hitlers ungewöhnlichem Eingeständnis Guderian gegenüber, daß er diesen Krieg wahrscheinlich nicht angefangen hätte, wenn er gewußt hätte, daß die in Guderians Buch *(Achtung: Panzer!* 1936) genannten Zahlen über die Stärke der sowjetischen Panzerverbände zutreffend gewesen seien.

Hoth, dessen Panzergruppe 3 mindestens soviel, wenn nicht sogar mehr als Guderians erreicht hatte, reagierte auf Hitlers Ablehnung eines weiteren Vorstoßes nach Moskau, indem er seine Truppe gehorsam auf die Abstellung zur Heeresgruppe Nord vorbereitete. Weder Guderian noch von Bock – noch das OKH, das inzwischen energisch für die Moskauer Lösung plädierte – ließen auch nur andeutungsweise den gleichen diensteifrigen Gehorsam erkennen. Tatsächlich unternahm

Guderian in dem Zeitraum nach Hitlers Besuch bei der Heeresgruppe Mitte, der später als ein „19tägiges Interregnum“ bezeichnet worden ist, nur wenig Positives. Er schien es darauf anzulegen, möglichst große Kräfte an der Moskauer Front bei Roslaw zurückzuhalten, während er widerstrebend nach rechts in Richtung Heeresgruppe Süd einschwenkte, da er notgedrungen Hitlers Anordnungen befolgen mußte.

Das sowjetische Oberkommando scheint Guderians Auffassung geteilt zu haben, denn es massierte seine Kräfte vor der Front der Heeresgruppe Mitte und schickte Timoschenko, dem dortigen Befehlshaber, die zahlenmäßig stärksten Reserven. Damals bedeuteten Reserven jedoch kaum mehr als Ansammlungen von in größter Hast ausgebildeten Soldaten, die durch Teile von Ausbildungseinheiten aus dem Landesinneren oder von bereits im Kampf zerschlagenen Divisionen verstärkt wurden. Verstärkungen dieser Art erhielt auch die Südwestfront unter Marschall Budjonny, der jetzt der *Stawka* mit der Forderung zusetzte, die 5. Armee aus den Pripjet-Sümpfen herauszuziehen und ihm für seine Front zuzuteilen. Aber das sowjetische Oberkommando wies zu Recht darauf hin, daß das gegenwärtige Abflauen des deutschen Angriffs zumindest teilweise auf die störende Anwesenheit der 5. Armee an der Innenflanke der deutschen Heeresgruppen Mitte und Süd zurückzuführen sei. Deshalb wurde es Budjonny untersagt, die 5. Armee herauszuziehen, aber die *Stawka* ordnete andererseits die Bildung der sogenannten Brjansk-Front an, um die zwischen Budjonny und Timoschenko entstehende Lücke in der Abwehrfront zu schließen.

Tatsächlich traf das sowjetische Oberkommando damit aus an sich richtigen Gründen die falsche Entscheidung. Jeder Versuch, die deutschen Absichten auf der Grundlage der Blitzkriegsmethoden zu deuten, die das strategische und taktische Denken der Wehrmacht zu prägen schienen, mußte zu dem Schluß führen, im zweiten Stadium des Feldzuges sei Moskau das Hauptziel des Gegners. Aber die *Stawka* konnte nicht wissen, daß Hitler unterdessen seine Zweifel an der Wirksamkeit dieser Blitzkriegsmethoden in den Weiten Rußlands hegte. Abgesehen von seiner Auffassung, die Sowjets seien nicht durch große Siege zu schlagen, sondern müßten durch taktische Unternehmen nach und nach eingekreist und vernichtet werden, hielt er sehr viel von der wehrwirtschaftlichen Bedeutung des Baltikums und der Ukraine, deren Verlust die sowjetischen Produktionskapazitäten so sehr schwächen würde, daß der Kampf um ihren Besitz nach Hitlers Auffassung ebenso entscheidend wie eine neue Kesselschlacht in einem der am stärksten verteidigten Frontabschnitte sein konnte.

Obwohl es OKH und OKW, die nach einer Besprechung zwischen Halder und Jodl am 7. August vorübergehend an einem Strang zogen, dann doch gelang, Hitler zu einer am 12. August erlassenen Ergänzung der Weisung Nr. 34 zu bewegen, die die Möglichkeit zu einer Wiederaufnahme des Vormarsches auf Moskau vielleicht zum Monatsende eröffnete, weckten drei Tage später einige örtlich begrenzte Einbrüche bei der Heeresgruppe Nord westlich von Leningrad erneut Hitlers Befürchtungen, unter Umständen keine wehrwirtschaftlich wichtigen Faustpfänder in die Hand zu bekommen, und veranlaßten ihn zu einem weiteren Gegenbefehl, nach dem die Heeresgruppe Mitte einzelne Panzerdivisionen an die Heeresgruppe Nord abgeben sollte.

Von Bock bezeichnete diesen Befehl als „unmögliche Zumutung“, weil die dafür vorgesehenen Divisionen entweder wiederaufgefrischt wurden oder im Kampf mit den Sowjets standen. Er wandte sich hilfesuchend an Halder, der – als Brauchitsch nichts unternehmen wollte – die jüngeren Offiziere der Operationsabteilung zusammenrief und sie eine Denkschrift ausarbeiten ließ.

Die Verfasser gelangten darin zu der Schlußfolgerung, daß eine Fortsetzung des Angriffs auf Moskau nach wie vor die beste Möglichkeit biete, den Feldzug rasch zu beenden. Halder ließ die Denkschrift Hitler übermitteln und schickte Oberst Heusinger, der sie in erster Linie ausgearbeitet hatte, damit zu Jodl, um ihn den Inhalt erläutern zu lassen. Ihr Gespräch, das wir nur aus Heusingers Darstellung kennen, ist bezeichnend für die damals in den beiden rivalisierenden (allerdings zeitweilig verbündeten) Oberkommandos herrschende Einstellung. So erklärte Jodl seinem Besucher: „Im übrigen scheut er – Hitler – sich instinktiv, den gleichen Weg wie Napoleon zu gehen. Moskau hat etwas Unheimliches für ihn. Er befürchtet dort einen Kampf auf Leben und Tod mit dem Bolschewismus.“ Heusinger wandte offenbar ein, aus eben diesem Grund müsse das deutsche Heer dort einen Sieg erringen, und als Jodl feststellte, der Instinkt des Führers sei „meistens richtig“ gewesen, erinnerte Heusinger ihn an Dünkirchen und schloß resigniert: „Und wir fürchten, daß auch diesmal ein entscheidender Augenblick verpaßt wird.“

Hitler reagierte auf zweifache Weise auf diese Denkschrift von Offizieren der Operationsabteilung im OKH: Er erließ über Jodl eine neue Weisung über die Fortführung der Operation im Osten, in der er den Heeresgruppen Nord und Süd befahl, weiter an ihren Zielen – Leningrad und Kiew, die Krim und das Donezbecken – festzuhalten, während die Heeresgruppe Mitte sie ohne Rücksicht auf weitere spätere Operationen unterstützen sollte.

Insbesondere wurde gefordert, zur Vernichtung der sowjetischen 5. Armee müsse die operativ selten günstige Lage „zu einer konzentrischen Operation mit den inneren Flügeln der Heeresgruppen Süd und Mitte unverzüglich ausgenützt werden". Außerdem übersandte er Brauchitsch, dem Oberbefehlshaber des Heeres, eine von ihm verfaßte taktische Studie des Feldzugs, in der er sich sehr kritisch über das Heer im allgemeinen (und Brauchitsch im besonderen) äußerte: Die Heeresführung habe das Wesen der Schnellen Verbände nicht erfaßt, und der Oberbefehlshaber habe es an „der nötigen Führung" fehlen lassen. Halder schlug seinem Oberbefehlshaber deshalb vor, sie sollten gemeinsam um ihre Enthebung vom Amt bitten, aber der entmutigte Generalfeldmarschall (der damit eine Einstellung preisgab, die ohne weiteres erklärte, weshalb das deutsche Heer unter seinem Befehl seine einstige stolze Unabhängigkeit bis auf einige kümmerliche Reste verloren hatte) wollte nichts davon hören. „Ob d H lehnt das ab", schrieb Halder in sein Tagebuch, „weil es praktisch doch nicht zur Niederlegung des Amtes käme, also nichts geändert würde."

Der eifrigste Verfechter der Moskauer Offensive, Guderian, ließ sich selbst durch eine so nachdrückliche Zurückweisung seiner Forderung nicht zum Schweigen bringen. Er war weiterhin davon überzeugt, daß seine Panzer die feindliche Hauptstadt erreichen könnten und daß die Sowjets, die alles aufbieten würden, um ihr Verkehrs- und Verwaltungszentrum zu verteidigen, dort entscheidend geschlagen werden könnten. Halder, der von Bock und seinen Offizieren der Heeresgruppe Mitte am 23. August die Nachricht von Hitlers Entscheidung überbracht hatte, ließ sich von Guderians überzeugender Argumentation soweit beeinflussen, daß er ihm vorschlug, zum Hauptquartier Wolfsschanze in der Nähe von Rastenburg mitzukommen und seine Argumente Hitler selbst vorzutragen. Die beiden flogen sofort ab.

Auf dem Weg zur abendlichen Lagebesprechung bei Hitler wurde Guderian von Brauchitsch abgefangen, der zur Begrüßung sagte: „Ich verbiete Ihnen, mit dem Führer die Frage Moskau zu erörtern. Der Ansatz nach Süden ist befohlen, es handelt sich nur noch um das Wie. Jede Erörterung ist nutzlos."

Guderian bat daraufhin um Erlaubnis, an die Front zurückfliegen zu dürfen, aber Brauchitsch wies ihn an, Hitler über die Lage seiner Panzergruppe Vortrag zu halten – jedoch ohne Moskau zu erwähnen. Guderian gehorchte, aber er machte so deutliche Anspielungen auf das vor seiner Front liegende „Hauptziel", daß Hitler selbst das Thema Moskau anschnitt. Guderian, der das Wort erhielt, setzte Hitler „gründlich und eindringlich alle die Gründe auseinander, die für die Fortsetzung der Operationen in Richtung Moskau und gegen Kiew sprachen. Ich führte aus, daß es vom militärischen Standpunkt aus nun darauf ankäme, die feindlichen Streitkräfte, die in den letzten Kämpfen schwer gelitten hätten, vollends zu schlagen." Hitler ließ ihn ausreden, ohne ihn ein einziges Mal zu unterbrechen, und holte dann zu einer Erwiderung aus, die eine Feststellung enthielt, die Guderian noch nie von ihm gehört hatte: „Meine Generale verstehen nichts von Kriegswirtschaft." Hitler erläuterte, weshalb er es für vordringlich hielt, das südliche Industriegebiet zwischen Kiew und Charkow zu besetzen und die Krim zu neutralisieren, die „als Flugzeugträger der Sowjetunion im Kampf gegen die rumänischen Ölfelder" ausgeschaltet werden müsse.

Als Guderian sah, daß Hitlers Stab nicht nur darauf verzichtete, ihn mit einem Wort zu unterstützen, sondern jeden Satz Hitlers durch Gesten und zustimmendes Murmeln aktiv bejahte, verzichtete er darauf, seinen Standpunkt weiterhin zu vertreten. Schließlich befand er sich ohnehin in einer merkwürdigen Lage, in der er als untergeordneter Befehlshaber Ansichten äußerte, die seine Vorgesetzten hegten, aber nicht selbst zu vertreten wagten. Weder von Brauchitsch noch Halder waren mit zu der Lagebesprechung gekommen, aber als Guderian Halder am nächsten Morgen meldete, was vorgefallen war, hinzufügte, er habe sich entschlossen, sich dem jetzt unabänderlichen Entschluß des Führers, den Hauptstoß in Richtung Kiew zu führen, zu beugen, und ergänzte, Hitler habe in seinen Wunsch eingewilligt, seine Panzergruppe als geschlossenen Verband einzusetzen, erlitt Halder „einen völligen Nervenzusammenbruch", wie Guderian es ausdrückte.

Von Halders Gegenbeschuldigungen verfolgt – oder sogar von ihnen überholt, denn der Chef des Generalstabs berichtete der Heeresgruppe Mitte telefonisch aus seiner Sicht über diese Ereignisse, während Guderian noch mit dem Flugzeug unterwegs war –, traf letzterer am 24. August wieder bei seiner Panzergruppe ein. Ihm ging es jetzt darum, das Unternehmen Kiew so rasch und erfolgreich abzuschließen, daß noch vor Wintereinbruch Gelegenheit war, den „entscheidenden" Vorstoß gegen Moskau zu führen. Bis zum Beginn der kalten Jahreszeit blieben der Wehrmacht nur noch zweieinhalb Monate.

Der Kampf im Süden

Die Heeresgruppe Süd, die nun die Hauptlast bei Hitlers Versuch, die Rote Armee zu vernichten, tragen sollte, hatte bisher nicht gerade glänzende Erfolge erzielt. Daß es ihr nicht gelungen war, schnell und weit vorzustoßen, war zum Teil auf einen Mangel an Panzern zurückzuführen, denn ihr unterstand nur von Kleists Panzergruppe 1, und hatte seine Ursache auch in der Belastung durch eine ganze Anzahl verbündeter Divisionen mit sehr unterschiedlicher, größtenteils veralteter Ausrüstung und Bewaffnung. In aufsteigender Ordnung handelte es sich dabei um folgende ausländische Verbände: eine slowakische motorisierte Division, ein ungarisches motorisiertes Korps (mit drei Brigaden), ein italienisches Expeditionskorps (drei Divisionen), die rumänische 4. Armee (13 Divisionen) und ein weiteres rumänisches Korps aus Kavallerie und Gebirgsjägern unter deutscher Führung.

Aber die fehlende Eindringtiefe war auch auf die große Frontbreite zurückzuführen: Von Nord nach Süd war von Rundstedts Front fast 1000 Kilometer lang. Außerdem wurde sie keineswegs schwach verteidigt, denn entlang dieser Linie standen vier sowjetische Armeen mit vier mechanisierten Korps und zwei weiteren Korps in Reserve. Der wichtigste Grund lag jedoch in der Vielzahl von Zielen, die von Rundstedt in der

Weisung für „Barbarossa" zugewiesen worden waren. Der Nordflügel der Heeresgruppe Süd, der hauptsächlich aus deutschen Verbänden bestand, sollte sich nach dem Stoß durch die Grenzbefestigungen teilen: Die 6. Armee und von Kleists Panzergruppe 1 würden nach Osten auf den Dnjepr unterhalb von Kiew zumarschieren, während die 17. Armee nach Südosten eindrehte, um den Dnjepr unterhalb von Winniza zu erreichen. Danach sollten sie sich in einer zangenartigen Bewegung jenseits des Flusses treffen und die zwischen ihnen eingeschlossenen sowjetischen Truppen rasch vernichten. Der Südflügel mit der 11. Armee und den Verbündeten hatte zunächst den Auftrag, die Flanke des Nordflügels vor einem Umgehungsmanöver der Sowjets zu schützen. Danach sollte er weiter nach Osten vorstoßen, den sowjetischen Widerstand in der Südukraine brechen, die Schwarzmeerküste besetzen und eine Front am Dnjepr bilden.

Das waren sehr ehrgeizige Ziele, denn die Stoßrichtung des Nordflügels führte zumindest anfangs durch räumlich sehr beengte Gebiete zwischen den Pripjet-Sümpfen im Norden und den Karpaten im Süden. Hätte der sowjetische Befehlshaber des Kiewer Wehrkreises, General Kirponos, seine Truppen richtig eingesetzt, hätte er der Heeresgruppe Süd schwere Verluste zufügen oder sie zum Stehen bringen können. Aber er machte den gleichen Fehler, der auch anderswo gemacht wurde, ließ zu, daß seine Verteidigungskräfte vom ersten Tag an nach und nach in Kämpfe verwickelt wurden, anstatt sie für einen Gegenschlag zusammenzuhalten, und mußte deshalb miterleben, wie sie alle vernichtet wurden.

Sein ursprünglicher Abwehrplan war gut und ließ erkennen, daß Kirponos den Verlauf des deutschen Blitzkriegs gegen Frankreich studiert und sich das beste Gegenmittel überlegt hatte, das natürlich daraus besteht, daß man die Panzerkeile von der Flanke her angreift, während sie in die Tiefe des gegnerischen Raums vorstoßen, und dazu möglichst gleich viele oder sogar mehr Panzer als der Angreifer zusammenzieht. Dazu hatte er zu seinem 22. Mechanisierten Korps in Rowno die drei anderen, die als Reserve im rückwärtigen Raum lagen, an die Front beordert.

Aber noch bevor sie sich sammeln konnten, mußte Kirponos das 22. Korps in die Schlacht werfen, in der es aufgerieben wurde; seine unerfahrenen Panzerbesatzungen und veralteten Fahrzeuge waren Kleists Veteranen mit ihren Pzkw IV nicht gewachsen. Außerdem spielten die Deutschen bei den meisten feindlichen Angriffen ein Spiel, das auch die englischen Panzer in Nordafrika bald kennenlernen sollten: Sie zogen sich zurück und lockten den Gegner vor eine unüberwindbare Linie von 8,8-cm-Kanonen. Auf diese Weise wurde ein weiteres Korps, das 15. Mechanisierte Korps, das aus seinem südlicher gelegenen Bereitstellungsraum heraus angriff, ebenfalls rasch aufgerieben. Und als die drei aus der Reserve abberufenen Divisionen am 25./26. Juni im Kampfgebiet eintrafen, wurden sie ebenfalls vernichtend geschlagen, mußten zurückweichen und hatten hohe Verluste an Menschen und Material. Manche dieser Verluste waren auf Führungsfehler zurückzuführen.

„Korpskommissar Waschugin, der von Kirponos den Auftrag erhielt, mit eineinhalb Panzerdivisionen aus

Wlassows IV. Korps einen Gegenangriff zu führen, dirigierte die Panzer in einen Sumpf, in dem sie aufgegeben werden mußten. Waschugin nahm sich das Leben." Die offenbar wegen der hohen Panzerverluste besorgte *Stawka* wies Kirponos am 30. Juni an, auf die befestigte Grenze von 1939 zurückzugehen und „eine verbissene Verteidigung mit dem Schwergewicht auf Panzerabwehrmitteln zu organisieren".

Dies war jedoch nicht der letzte Versuch, den die Südwestfront unternahm, um von Kleists Panzerkeil die Spitze zu brechen. Die sowjetische 5. Armee, die sich vor dem deutschen Ansturm aus ihren Grenzstellungen in die südlichen Pripjet-Sümpfe hatte zurückziehen müssen, trat aus dieser fast undurchdringlichen Wildnis zum Angriff auf die Panzergruppe 1 bei Schitomir an. Gleichzeitig stieß die sowjetische 6. Armee nach Norden in Richtung Berditschew vor, um sich nach Möglichkeit mit ihr zu vereinigen. Aber den Deutschen, die in zwei Kriegsjahren beachtliche taktische Fähigkeiten entwikkelt hatten, gelang es trotz anfänglicher Überlegenheit des Gegners, diesen schweren gemeinsamen Angriff abzuwehren. Sowjetische Panzer des Typs T 34, vor denen die Deutschen im Lauf der Zeit so viel Hochachtung hatten, daß sie sogar mit dem Gedanken spielten, ihn für ihre eigenen Panzerdivisionen in Serie nachzubauen, traten bei diesem Gegenangriff mit zum erstenmal in Erscheinung. Falsche taktische Führung und die Durchschlagskraft der im Erdkampf eingesetzten deutschen 8,8-cm-Flak ließen die T 34 bei dieser Gelegenheit erfolglos bleiben. Die 6. Armee zog sich schwer angeschlagen nach Südosten zurück, während die 5. Armee erneut nach Norden in die unwegsamen Pripjet-Sümpfe auswich, wo sie allein durch ihre Existenz die deutsche Kriegführung an der Ostfront schwer behinderte, obwohl ihre Schlagkraft zu diesem Zeitpunkt auf einen Bruchteil der ursprünglich vorhandenen abgesunken war.

Die Konsequenzen dieses eigenartigen Rückzugs der sowjetischen 5. Armee wurden jedoch nicht voll erkannt – jedenfalls nicht vom Stab der deutschen Heeresgruppe Süd, der sich ganz auf den sowjetischen Aufmarsch vor der eigenen Front konzentrierte. Budjonny, der tapfere, aber sture Reiterführer, dem Stalin am 10. Juli den Befehl über die Südwestfront übertragen hatte, wo Nikita Chruschtschow sein Politkommissar war, hatte sich dazu entschieden, die Masse seiner verfügbaren Kräfte, die von Tag zu Tag größer wurden, weil Stalin weitere Verstärkungen in diesen Abschnitt warf, den er jetzt für den verwundbarsten und zugleich wichtigsten Abschnitt der gesamten Abwehrfront hielt, an zwei weit voneinander entfernten Punkten zu konzentrieren: Kiew und Uman. Kiew, die Hauptstadt der Ukraine und einst sogar die russische Hauptstadt, war das bei weitem verlockendere dieser beiden Ziele. Von Rundstedt beschloß jedoch, diesen Knotenpunkt vorerst nicht anzugreifen. Für diesen Entschluß sprachen mehrere, einander ergänzende Überlegungen: Kiew lag außerhalb der Hauptstoßrichtung der beiden Angriffskeile der Heeresgruppe, die allgemein nach Südosten in Richtung Schwarzes Meer und zu den Unterläufen der großen südrussischen Flüsse Bug, Dnjepr und Donez vorstoßen sollten. Da die Stadt groß war und von zahlenmäßig starken, allerdings nicht sonderlich kampfkräftigen feindlichen Truppen verteidigt wurde, würden starke deutsche Kräfte nötig sein, um sie einzuschließen und zu erobern. Außerdem war zu befürchten, daß einige Panzerdivisionen in Nahkämpfe verwickelt werden würden, für die sie ungeeignet waren – und das zu einem Zeitpunkt, in dem sie anderweitig benötigt wurden, um den deutschen Angriff voranzutreiben. Deshalb befahl von Rundstedt, die beiden nächsten Panzerdivisionen, die 13. und 14. Division unter dem Kommando von General Mackensen, sollten Kiew nur angreifen, wenn sich eine ungewöhnlich gute Gelegenheit biete.

Gleichzeitig suchte er weiter südlich nach einer Lücke in der gegnerischen Front. Obwohl von Rundstedt selbst kein Panzergeneral war – als dienstältester General des deutschen Heeres hatte er seine taktische Schulung lange vor dem Auftreten der ersten Panzer erhalten –, ließ er seinen Panzerkommandeuren weitgehend freie Hand, und als von Kleist berichtete, die sowjetische Front weise entlang der wichtigsten Nord-Süd-Eisenbahnstrecke in Budjonnys Abschnitt Schwachstellen auf, gestattete er ihm, sie auszunützen. Von Kleists Panzer brachen durch und stießen rasch nach Osten vor, um die feindlichen Kräfte bei Uman von Norden her zu umgehen. Trotz dieser Bedrohung der dort konzentrierten sowjetischen Truppen verstärkten Stalin und Budjonny sie weiter, während sie den nächsten der glücklosen Gegenangriffe vorbereiteten, die der Roten Armee in den ersten Monaten dieses Krieges so hohe Verluste brachten. Dafür vorgesehen war die sowjetische 26. Armee, die mit dem Leichtsinn, der im Ersten Weltkrieg für russische Stabsoffiziere charakteristisch gewesen war, ihren Ein-

Der Hafen von Odessa nach einem deutschen Angriff

September 1941: Kiew brennt

Auf den russischen Straßen kommen die deutschen Truppen nur langsam voran

Ende August erreichten die Deutschen die Außenviertel von Leningrad

Russische Verstärkung der Vorposten, die eine Verteidigungslinie vor Leningrad bildeten

Nowgorod unter deutscher Bombardierung

Getarnte russische Panzerstellung vor Leningrad

satzbefehl in die Hand des Feindes fallen ließ. Als ihr Gegenangriff am 20. Juli begann, wehrten die Deutschen ihn mühelos ab – nicht zuletzt weil er auf besonders primitive Weise frontal vorgetragen wurde.

Worauf von Kleists Operationen abzielten, mußte jetzt sogar dem Gegner klar sein. Seine Panzer sollten offenbar zur Eisenbahnstrecke Kiew–Dnjepropetrowsk vorstoßen, um dadurch in den Rücken der bei Uman stehenden sowjetischen Kräfte zu gelangen. Am 25. Juli rollten Kleists Panzerspitzen in Nowo Ukraina ein und hielten am 30. Juli einen Brückenkopf jenseits der Eisenbahnlinie zwischen dieser Stadt und Kirowo im Norden besetzt. Nach diesem Coup stand der sowjetischen 6., 12. und 18. Armee nur noch ein einziger Rückzugsweg nach Südosten offen: der Unterlauf des Bugs hinunter bis zum Schwarzen Meer nach Nikolajew. Hier bot sich eine Chance, die die Sowjets jedoch mit aller Gewalt ausschlagen zu wollen schienen. Am 3. August hatten sie dann zu lange gezögert. Schobert, der deutsche Befehlshaber des rechten Flügels der Heeresgruppe Süd, auf dem die verbündeten Truppen kämpften, die inzwischen mehrere Brückenköpfe jenseits des Bugs gebildet hatten, fand eine Möglichkeit, zwei seiner Divisionen an einem verbissen kämpfenden sowjetischen Sperrverband vorbei vorstoßen zu lassen, und ließ sie in Eilmärschen dem Fluß nach Perwomaisk folgen. Dort trafen sie am 3. August auf die Spitzen des XIV. Panzerkorps, das Kleist ihnen nach Süden entgegengeschickt hatte.

Das Gebiet um Uman war dadurch zu einem Kessel für sowjetische Truppen geworden. Als nächstes mußte der

Einschließungsring enger gezogen werden, denn ein Ausbruch war noch immer möglich, solange der Kessel lediglich von Panzer- und motorisierten Infanterieverbänden gebildet wurde. Erst am 8. August, als die Infanteriedivisionen der 11. und 17. Armee endlich zu den Panzern aufschlossen, nachdem sie bei glühender Hitze tagelang auf schlechtesten Straßen marschiert waren, konnte von Rundstedt damit rechnen, daß ihm eine Einkesselung gelungen war, die sich mit den Erfolgen von Bocks Heeresgruppe Mitte vergleichen ließ. Die Rote Armee verlor in dieser Kesselschlacht 15 Infanterie- und fünf Panzerdivisionen, und die Deutschen machten 103 000 Gefangene.

Dieser deutsche Erfolg im nördlichen Abschnitt der Heeresgruppe Süd machte jetzt im südlichen, im Küstenabschnitt den Weg für die Rumänen frei. Das verlokkendste Angriffsziel für sie war natürlich der Marinestützpunkt Odessa, den die *Stawka* deshalb bis zum letzten verteidigen wollte.

Das sowjetische Oberkommando hatte den Ausbau einer dreifach gegliederten Verteidigungslinie von insgesamt 650 Kilometer Länge und mit Stellungen für über 100 Bataillone befohlen und auch schon in Angriff genommen. Das rumänische IV. Korps erreichte diese Festung Anfang August und hatte die gegnerischen Stellungen am 14. August ganz eingeschlossen. Die Stadt war jetzt auf dem Landweg nicht mehr erreichbar. Aber die Belagerung sollte 64 Tage andauern und von den Rumänen, die schon bei den Grenzschlachten schwere Verluste erlitten hatten, fast unerträglich hohe Opfer fordern.

Der Kampf um Odessa wurde im Lauf der Zeit wie so viele andere Belagerungen zu einer selbständigen Auseinandersetzung auf einem Nebenkriegsschauplatz. Im Anfangsstadium hatte er jedoch entscheidende Auswirkungen auf die allgemeine Kampfführung von Budjonnys Front, denn die Entscheidung der *Stawka,* Odessa mit starken Kräften zu verteidigen, wirkte sich dahin aus, daß die sowjetischen Stellungen an Bug und Dnjepr erheblich geschwächt wurden. Das sollte um so gravierendere Folgen haben, weil gleichzeitig eine ähnliche Lücke, die nördlich von Kiew entstanden war, als die sowjetische Westfront und Südwestfront Mitte Juli unter deutschem Druck auseinandergewichen waren, unausgefüllt blieb. Auf diese Weise lag Kiew, wo jetzt die stärkste sowjetische Kräftekonzentration der gesamten Front zwischen Ostsee und Schwarzem Meer versammelt war, verlockend offen da und konnte von zwei Seiten eingeschlossen werden.

Stalin und das sowjetische Oberkommando waren sich durchaus über die Gefahren im klaren, die aus der Trennung von Westfront und Südwestfront entstanden, und befahlen am 16. August die Bildung einer neuen Brjansk-Front, um die Lücke zwischen ihnen zu schließen. Ihr Befehlshaber, General Jerjomenko, erhielt lediglich zwei Infanteriearmeen und bekam weitere Truppen versprochen, die bereits im Kampf gestanden hatten. Damit sollte er seinen Auftrag erfüllen.

Unterdessen erteilte das Oberkommando seine Erlaubnis, die Budjonny seit einigen Tagen gefordert hatte, zum Rückzug aller sowjetischen Einheiten westlich des Dnjeprs aufs Ostufer des Flusses. Die 37. Armee sollte Kiew besetzt halten, während die 5. Armee, die endlich nicht mehr in den Pripjet-Sümpfen Wache zu halten brauchte, und die 40. Armee, eine zusammengekratzte Formation aus kampfesmüden Einheiten, den Befehl erhielten, eine Front entlang der Linie Charkow–Konotop–Tschernigow zu bilden, um dort zu verhindern, daß die Deutschen in die Lücke zwischen Westfront und Südwestfront hineinstießen.

Diese Gefahr drohte inzwischen tatsächlich, denn Guderian hatte seine Panzergruppe bereits umgruppiert und nach Süden eingeschwenkt. Er war jetzt bereit, sie nach Kiew zu führen. Aber am gleichen Tag, an dem Guderian das Führerhauptquartier nach seinem vergeblichen Versuch, Hitler von der Bedeutung des Vorstoßes nach Moskau zu überzeugen, verlassen hatte, teilte Stalin Jerjomenko mit, welche Bedeutung die *Stawka* dem von ihm zu führenden Gegenstoß beimaß. Stalin bot ihm eine attraktive Ausrüstung mit neuen Waffen an: Jerjomenko sollte mehrere T-34-Bataillone sowie Artillerieeinheiten zugewiesen erhalten, die mit dem neuen Katjuscha-Raketenwerfer, einem mehrrohrigen Mörser, der leichte, flossenstabilisierte Geschosse mit sehr großen Sprengköpfen verschoß, ausgerüstet waren. Durch den Zerfall der Westfront am 25. August wurde seine Streitmacht um zwei weitere Armeen verstärkt: die 13. und 21. Armee. Unglücklicherweise war Jerjomenko nach der Zersplitterung der Westfront der Auffassung, nun auch die Zufahrtsstraßen nach Moskau schützen zu müssen – eine Überzeugung, in der er durch Schaposchnikow, den Chef des Generalstabs, der ihn vor den vorerst mehrdeutigen Absichten der Deutschen warnte, bestätigt wurde –, teilte seine Kräfte auf und wies den besten Einheiten einen Abschnitt zu, in dem nachher so gut wie gar nicht gekämpft wurde.

Am 29. August vermerkte Guderian gleichmütig in seinem Kriegstagebuch, daß sein XXIV. Panzerkorps aus Süden und Westen angegriffen worden sei. Dabei handelte es sich um die Eröffnung von Jerjomenkos Gegenoffensive. Obwohl sie durch die Masse der den sowjetischen Streitkräften noch verbliebenen taktischen Luftwaffe – etwa 500 Maschinen – unterstützt wurde, kam sie nie richtig in Schwung. Die 21. Armee an der Spitze des Angriffskeils wurde rasch von Kluges 4. Armee und Guderians Panzergruppe 2 in die Zange genommen. Sie mußte zurückweichen, riß dabei viele der Einheiten mit, die sie hätten unterstützen sollen, und hinterließ gähnende Lücken in der Front, durch die deutsche motorisierte Truppen sofort schnell und in Massen vorstießen.

Während Guderian eine Bresche in die Abwehrfront nördlich von Kiew schlug, gruppierte von Kleist seine Panzer, denen eben erst die Einkesselung der sowjetischen Truppen bei Uman gelungen war, bereits zum Angriff nach Norden um. Während dieser Umgruppierung, errichteten die Aufklärungseinheiten der Panzergruppe eine Reihe kleiner Brückenköpfe jenseits des Dnjeprs zwischen Tscherkassy und Krementschug, also in einem Abschnitt, der auf sowjetischer Seite lediglich von der 38. Armee gehalten wurde. Ihre Front war viel zu lang, um erfolgreich verteidigt zu werden, und ihre Ausrüstung genügte keineswegs, um von Kleists Panzerregimenter abwehren zu können. Außerdem drohte ihr ein Umfassungsangriff durch Einheiten von Reichenaus

6. Armee, die den Kessel Uman gesäubert hatte und sich nun wieder auf dem Vormarsch nach Osten befand.

In der letzten Augustwoche sprachen deshalb alle Anzeichen dafür, daß die Deutschen Kiew einschließen und den Sowjets auch an der Südwestfront eine katastrophale Niederlage beibringen würden. Trotzdem wies Stalin alle Vorschläge zurück, die darauf abzielten, aus dem gefährdeten Raum noch rechtzeitig Truppen abzuziehen, bevor es zu spät war, oder sie auch nur in besser zu verteidigende Stellungen zurückzunehmen. Stalin bemühte sich im Gegenteil, Truppen zusammenzukratzen, um die bereits übermäßig große Garnison der ukrainischen Hauptstadt weiter zu vergrößern, und war bereit, die gefährdetsten sowjetischen Frontabschnitte zu entblößen, um dieses Ziel zu erreichen. Seine Intervention führte dann dazu, daß fast eine Million Rotarmisten den Deutschen in die Hände fielen oder der Gefangennahme nur um Haaresbreite entgingen.

Von den beiden Panzerspitzen, die zu dieser Umfassung angesetzt wurden, hatte Guderians Panzergruppe 2 die weitere Strecke zurückzulegen und unterwegs den größeren Widerstand zu überwinden. Tatsächlich war ihr rascher Vorstoß außerordentlich riskant, weil sie ihre linke Flanke dabei immer mehr einem möglichen Angriff aus Osten aussetzte. Diese ungeschützte Flanke erreichte schließlich eine Länge von über 250 Kilometern. Wären die Sowjets durch straffe Führung imstande gewesen, koordinierte Gegenstöße vorzutragen, hätten sie seine Panzergruppe wahrscheinlich vernichten können. Aber so erbittert die sowjetischen Truppen, auf die seine Soldaten stießen, auch kämpften, ließen sie doch alle

Anzeichen beginnender Auflösungserscheinungen erkennen, die sich nach zweimonatigen Kämpfen breitmachten.

Ein verblüffender Beweis für ihre Desorientierung war die Tatsache, daß es der 3. Panzerdivision am 26. August gelang, bei Nowgorod Sewerski eine fast 700 Meter lange Brücke über die Desna unbeschädigt zu besetzen. In seiner eigenartig nüchternen Schilderung dieses Unternehmens bezeichnete Guderian diesen Erfolg, den die Division einem Leutnant des 6. Panzerregiments verdankte, als „unerwartet und höchst erfreulich". Ebenso verblüffend ist eine Anmerkung zu seinem Bericht über die Ereignisse am 3. September 1941: An diesem Tag seien die Kommandeure der 3. und 17. Panzerdivisionen, Model und Ritter von Thoma – ersterer sollte es bis zum Generalfeldmarschall bringen, letzterer würde mit dem Afrikakorps als sein letzter Kommandeur in Gefangenschaft gehen – im Kampf leicht verwundet worden. Die Führung von der Front aus, die diese „neuen" jungen Generale praktizierten, war im Osten viel gefährlicher, weil der Gegner sich im Gegensatz zu den Franzosen im Jahre 1940 nicht ergab, wenn er überrollt oder abgeschnitten wurde.

Guderians Panzergruppe führte 18 Tage lang einen recht mühsamen Kampf – nicht nur gegen sowjetische Truppen, sondern auch gegen natürliche Hindernisse, die durch sintflutartige Regenfälle geschaffen wurden: Hochwasser führende Flüsse, überschwemmte Brücken und tiefen Schlamm auf den ohnehin schlechten und spärlichen Straßen. Oft kamen seine motorisierten Verbände kaum schneller voran als die marschierenden

Infanteriedivisionen der 2. Armee, die rechts von ihm gegen die russische Südwestfront vorstießen.

Während Guderian sich von Norden herankämpfte, versuchte von Kleist vom Süden aus, seine Panzergruppe heranzubringen, um die Falle zuschnappen zu lassen. Er sollte seine Panzer in den Nordteil des großen Dnjeprbogens führen und dort den Flußübergang erzwingen. Da der Fluß zwischen Tscherkassy und Krementschug lediglich von einer einzigen sowjetischen Schützenarmee verteidigt wurde (sowjetische Armeen waren kleiner als deutsche, und diese besaß keine Panzer), war nicht zu erwarten, daß die Errichtung von Brückenköpfen am jenseitigen Ufer allzu schwierig sein würde. Tatsächlich gelang es von Kleist dann erst am 12. September, einen ausreichend großen Übergang zu erzwingen – aber dabei hatte er die sowjetische 38. Armee buchstäblich vernichtet. Am 16. September stießen seine Panzer bei Lochwiza, 150 Kilometer nördlich von Krementschug, auf Guderians Panzerspitzen.

Innerhalb der nächsten Tage rückten die Infanteriedivisionen beider Panzergruppen vor, um die Lücken in dem gepanzerten Einschließungsring zu schließen. Hinter ihnen verstärkten die 17. Armee, die an Kleists linkem Flügel nach Norden vorrückte, und die 2. Armee, die an Guderians rechtem Flügel nach Süden vorstieß, den Druck auf den Kessel Kiew. Reichenaus 6. Armee, die von Uman aus nach Osten marschierte, schnürte den Kessel von Westen her ein, während die Angriffe der Luftflotten 2 und 4 Kesselrings und Löhrs den dichtgedrängten sowjetischen Truppenmassen schwerste Verluste beibrachten.

Am 26. September war die Kesselschlacht bei Kiew praktisch zu Ende. An diesem Tag meldete das amtliche Deutsche Nachrichtenbüro, dort seien 665 000 Russen gefangengenommen sowie 884 Panzer und 3718 Geschütze erbeutet worden. Fünf sowjetische Armeen mit 50 Divisionen waren vernichtet worden. Von sowjetischer Seite sind diese Zahlen später angezweifelt worden: Die eigenen Verluste sollen nicht mehr als 175 000 Mann betragen haben. Es ist unmöglich, diese beiden Angaben miteinander zu vereinbaren, aber obwohl die deutschen Zahlen atemberaubend hoch sind, lassen zeitgenössische Berichte den Schluß zu, daß die deutschen Schätzungen der Wahrheit näher kommen als die sowjetischen.

Interessanter als der Versuch, die wahre Höhe der Verluste zu berechnen, ist die Untersuchung der Frage, weshalb das sowjetische Oberkommando so große eigene Kräfte in Stellungen belassen hat, die schon vor ihrer Einnahme äußerst gefährdet waren – und das mindestens zwei Wochen lang. Dieses Thema hat in der Sowjetunion zu erbitterten Diskussionen geführt, die seit der von Chruschtschow im Jahre 1956 eingeleiteten Entstalinisierung auch öffentlich ausgetragen worden ist. Als ehemaliger Politkommissar der Südwestfront war Chruschtschow natürlich ein voreingenommener Zeuge, zumal er Stalins angeblich unfähiger Weigerung, den Rückzug von Teilen der Roten Armee aus Kiew zu genehmigen, seinen eigenen Erfolg bei der Auslagerung und dem Abtransport zahlreicher Maschinen aus Fabriken im bedrohten Gebiet gegenüberstellen konnte. Trotzdem ist unbestreitbar, daß er Budjonny unterstützte, als dieser gegen Stalins Durchhaltebefehl protestierte, was dazu führte, daß der Marschall am 13. September auf einen zweitrangigen Posten bei der Reserve-Front abgeschoben wurde. Auch Budjonnys Abberufung konnte die kritischen Stimmen von der Südwestfront, die bis zur Einkreisung durch die deutschen Truppen gegen Stalins Befehl protestierten, keineswegs zum Verstummen bringen. Erst 24 Stunden nach der Bildung des Kessels lenkte Stalin ein. Aber nur ein sehr geringer Prozentsatz der eingeschlossenen Rotarmisten konnte diese Aufhebung seines strikten Durchhaltebefehls noch nutzen. Bei den Ausbruchsversuchen fielen Unzählige vor den deutschen Linien – darunter auch mehrere Generale, zu denen Kirponos, der Befehlshaber der Südwestfront, gehörte.

Auf die sowjetischen Soldaten, die vor Kiew nicht fielen, sondern in deutsche Gefangenschaft gerieten, wartete ein grausiges Schicksal. Deutschland und die Sowjetunion waren nicht durch die Genfer Konvention zur humanen Behandlung ihrer Kriegsgefangenen verpflichtet, aber die normalen Regeln der Kriegführung schreiben vor, daß ein gefangener Gegner zu verpflegen und mit allem Lebensnotwendigen zu versorgen ist. In den ersten Monaten des Rußlandfeldzugs verstieß die Wehrmacht absichtlich oder aus Nachlässigkeit gegen diese Selbstverständlichkeiten. Von den *vier Millionen* kriegsgefangenen Russen, die zwischen Juni 1941 und Februar 1942 in deutsche Gefangenschaft gerieten, starben über eine halbe Million zwischen November 1941 und Januar 1942. Viele waren bereits an Erschöpfung oder unversorgten Verwundungen gestorben. Seither begab kein Russe sich mehr leichtfertig in Gefangenschaft, solange er weiter Widerstand leisten konnte.

Andererseits kämpfte auch der deutsche Soldat, der sich darüber im klaren war, welche Angst und welchen Haß die Nachrichten über die unmenschliche Behandlung von Kriegsgefangenen bei den Russen erweckt hatten, oft bis zum Tod, anstatt eine Gefangennahme zu riskieren. Der „Krieg ohne Ritterlichkeit", den Hitler gefordert hatte, blieb deshalb nicht lange aus.

Während die Schlacht um Kiew tobte, kam es in anderen Abschnitten der Südfront unter der Wucht des deutschen Angriffs zu großen Einbrüchen. Hauptbrennpunkt der dortigen Kämpfe war der Schwarzmeerhafen Odessa, der seit 5. August von den Rumänen eingeschlossen war. Dort hielten die sowjetischen Verteidiger – Seesoldaten, Rotarmisten und Matrosen der hastig aufgestellten Sondermarinearmee des Generals Petrow – sich bis zum 16. Oktober und fügten den Belagerern 100000 Verluste zu. Nach der Einnahme der Stadt wurde sie Rumänien als Hauptstadt der neuen rumänischen Provinz Transdnjestrien eingegliedert – eine Veränderung, die sich in Odessa als bemerkenswert populär erwies, weil sie vielen Einwohnern die Möglichkeit gab, wieder in dem vor der Oktoberrevolution gewohnten Schlendrian zu leben.

Militärisch weitaus bedeutender war der Vorstoß von Rundstedts 11. Armee, jetzt unter dem Befehl des Generals von Manstein (von dem die Russen noch mehr hören sollten), die zwischen dem 21. und 29. September das Mündungsgebiet des Dnjepr besetzte und bis an den Zugang zur Krimhalbinsel gelangte. Dieser Erfolg bedrohte alle sowjetischen Verteidigungsstellungen an den südlichen Flüssen – Donez und Don – sowie vor den großen sowjetischen Industriezentren.

Die große strategische Streitfrage war nun, ob Hitler sich dafür entscheiden würde, von Rundstedt den Angriff im Süden fortführen zu lassen, oder ob er auf die Argumente derer hören würde, die für eine Wiederaufnahme der Angriffe in der Mitte oder im Norden der Front plädierten. Charkow? Moskau? Leningrad? Die Entscheidung über Operationen gegen Leningrad, die das greifbarste aller den deutschen Armeebefehlshabern gesteckten Ziele darstellte, hatte sich als eine der schwierigsten des bisherigen Rußlandfeldzugs erwiesen und noch zu keiner befriedigenden Lösung des „Problems Leningrad“ geführt. Dieses Problem sollte Hitlers strategisches Urteilsvermögen weiter beeinträchtigen.

Die Einschließung von Leningrad

Leningrad ist unzweifelhaft eine Hauptstadt: Breite Straßenzüge, eindrucksvolle Paläste und Prachtbauten und die dramatische Gesamtwirkung des Stadtbildes beweisen, daß die Stadt in ihrer Gründungszeit als Regierungssitz geplant und erbaut worden ist. Tatsächlich wurde sie Anfang des 18. Jahrhunderts von Zar Peter dem Großen im trockengelegten Mündungsgebiet der Newa und auf den angrenzenden Marschen des Finnischen Meerbusens angelegt.

Deshalb ist Leningrad auch eine Hafenstadt, der wichtigste sowjetische Hafen und der bedeutendste sowjetische Marinestützpunkt in westlichen Gewässern. Die Betonung liegt dabei auf dem Wort *westlich,* denn die von Peter I. als „Fenster" zum Europa des französischen Königs Ludwig XIV. erbaute Stadt, die ursprünglich St. Petersburg hieß, war stets die westlichste aller russischen Städte gewesen und hatte am westlichsten von allen gewirkt. Sie war jedenfalls westlich genug gewesen, um im Jahre 1917 der Schauplatz einer ganzen Serie politischer Krisen zu sein, wie sie Europa seit der Französischen Revolution nicht mehr erlebt hatte und die mit Unzufriedenheit im Parlament begannen, um mit einer ausgewachsenen kommunistischen Revolution zu enden.

Die im Jahre 1918 erfolgte Verlegung des Regierungssitzes von Leningrad, wie Petrograd nach dem Tod Lenins genannt wurde, raubte der Stadt ihre beherrschende Rolle; aber obwohl die Leningrader in ihrem Stolz gekränkt waren, blieben sie nach wie vor stolz auf ihre Stadt – und zugleich auf sich selbst, weil sie von sich behaupten konnten, die fortschrittlichste und weltoffenste Gesellschaft Sowjetrußlands darzustellen. Außerdem bedeutete diese Verlegung keineswegs, daß die Sowjetregierung Leningrad geringer einschätzte, als die Zaren St. Petersburg eingeschätzt hatten, oder weniger um seine Sicherheit besorgt war oder die dortige Stimmung weniger berücksichtigte.

Die politische Stimmungslage der Leningrader Parteiorganisation – die nach Moskaus Auffassung zur Unzuverlässigkeit neigte – machte Stalin ständig Sorgen, und die Verteidigung der Stadt wurde Ende der dreißiger Jahre zu seiner fixen Idee. Wegen dieses Wunsches, das Vorfeld der Stadt durch sowjetisches Territorium zu verbreitern, hatte er sich im Jahre 1939 dazu verleiten lassen, den Finnen unzumutbare territoriale Forderungen zu stellen, Krieg gegen sie zu führen und später – nach den beschämenden Niederlagen in diesem Winter – große Gebiete der Karelischen Landenge und im Grenzabschnitt nördlich des Ladogasees zu annektieren. (Dieser mit 18 180 Quadratkilometern größte See Europas liegt unmittelbar landeinwärts von Leningrad und isoliert die Stadt fast vom Landesinneren.)

Stalins Annexionen, die sich aus rein militärischer Sicht hervorragend rechtfertigen ließen, berücksichtigten allerdings nicht, daß Finnland wahrscheinlich versuchen würde, sich die abgetretenen Gebiete zurückzuholen – natürlich zu einem Zeitpunkt, an dem die Sowjetunion am wenigsten imstande war, eine Rückeroberung zu verhindern. Kurz gesagt: Stalin hatte der Sowjetunion um unbedeutender Vorteile willen unnötigerweise einen Feind geschaffen, der erwartungsgemäß gleichzeitig mit dem deutschen Überfall auf Rußland zuschlug und seine Truppen im Juni 1941 über die sowjetische Grenze schickte.

Die finnische Armee war nicht groß, aber sie hatte schon früher erfolgreich gegen die Russen gekämpft, deren Reserven ohnehin für wichtigere Fronten benötigt wurden; außerdem wurde sie auf ihrer Nordflanke von bedeutenden deutschen Truppenkontingenten unterstützt, die unter General Dietl das Armeeoberkommando Norwegen bildeten und aus dem III., XXVI. und dem Gebirgskorps mit insgesamt sechs Divisionen bestanden.

Nachdem diese deutschen Truppen ab 8. Juni eingetroffen waren, hatte Finnland am 16. Juni seine Streitkräfte mobilgemacht und der Sowjetunion am 25. Juni den Krieg erklärt.

Die Deutschen rechneten mit eifriger Unterstützung durch die Finnen, die ihrer Ansicht nach ebenso darauf bedacht waren, Sowjetrußland den Todesstoß zu versetzen, wie sie es selbst waren. Wie sich dann zeigte, basierte diese Auffassung auf einem Irrtum. Die Finnen waren tatsächlich kampfbereit und zogen bereitwillig an der Seite der Deutschen in den Krieg, aber sie verfolgten damit rein nationale und ziemlich beschränkte Ziele. Marschall Mannerheim, der finnische Staatspräsident, war entschlossen, seiner Armee den Haltbefehl zu erteilen, sobald diese Ziele erreicht waren.

Die Ziele der Deutschen an dieser nördlichen Front waren in der Weisung Nr. 21 für das „Unternehmen Barbarossa“ festgelegt worden. Die Heeresgruppe Nord sollte die im Baltikum kämpfenden feindlichen Kräfte vernichten und Leningrad und Kronstadt, den sowjetischen Marinestützpunkt auf einer Insel vor der Newamündung, einnehmen. Das waren große Aufgaben, denn die Luftlinienentfernung von der Ostgrenze Ostpreußens nach Leningrad beträgt über 800 Kilometer, und die Strecke entlang der Küste, die in der Weisung vorgeschrieben wurde, war beträchtlich größer, während die Heeresgruppe Nord andererseits die schwächste der drei Gruppen war: Sie bestand aus 20 Infanteriedivisionen der 16. und 18. Armee sowie drei Panzer- und drei motorisierten Divisionen, die General Hoepners Panzergruppe 4 bildeten. Das vielleicht Bemerkenswerteste an der Heeresgruppe Nord war die Tatsache, daß ihr Oberbefehlshaber, Ritter von Leeb, und der Befehlshaber einer ihrer Armeen, Küchler von der 18. Armee, als Folge der Blomberg-Fritsch-Krise von Hitler verabschiedet worden waren. Beide waren während des Westfeldzugs rehabilitiert und wieder in Gnaden aufgenommen worden.

Die taktische Planung der Operationen der Heeresgruppe Nord war verhältnismäßig kompliziert, denn die geografischen Besonderheiten des feindlichen Gebiets, in das sie vorstoßen sollte, machten das Gelingen eines größeren Einkreisungsversuchs ziemlich unwahrscheinlich. Andererseits wurden die sowjetischen Verteidiger durch zwei Flüsse begünstigt, die quer zur Angriffsrichtung der Deutschen verliefen: Memel und Düna bildeten natürliche Hindernisse, die leicht verteidigt werden konnten.

Außerdem wurde der deutsche Angriff im Vorfeld Leningrads durch den Peipus-See und den Ilmensee beengt, zwischen denen die Heeresgruppe Nord würde hindurchstoßen müssen. Zur Abwehr standen beachtliche sowjetische Kräfte bereit: die 8., 11. und 27. Armee an der Grenze, mit Unterstützungstruppen und Reserven, die zwischen diesen Seen bereitstanden, insgesamt 28 Infanteriedivisionen und drei mechanisierte Korps mit etwa 1000 Panzern. Die sowjetische Nordwestfront, der diese Truppen bei Kriegsausbruch unterstellt wurden, stand unter dem Oberbefehl von Generaloberst Kusnezow (der später durch Woroschilow ersetzt wurde), einem fähigen, wenn auch keineswegs brillanten Soldaten.

Von Leeb löste sein Bewegungsproblem, indem er seine Panzergruppe in die Mitte seiner Front stellte und die Infanteriearmeen rechts und links davon aufmarschieren ließ. Da er nicht hoffen konnte, daß ihm große Umfassungsbewegungen glücken würden, wollte er versuchen, die sowjetische Front durch wuchtige, tiefe und wiederholte Panzervorstöße in nordöstlicher Richtung aufzubrechen. Die dadurch verursachte Verwirrung der von den Panzern überrollten Russen würde hoffentlich so groß sein, daß die dem Panzerkeil so dicht wie möglich folgende deutsche Infanterie den Flankenschutz übernehmen, zahlreiche Gefangene einbringen und Schlüsselpositionen besetzen können würde. Von Leeb hatte die Absicht, die Panzergruppe seinem persönlichen Befehl zu unterstellen, was bedeutete, daß er gelegentlich in direkter Verbindung mit Hoepners Korpskommandeuren stehen würde. Einer von ihnen, Erich von Manstein, sollte später als Generalfeldmarschall weltberühmt werden.

Jenseits der ostpreußischen Grenze waren die ersten Ziele die Brücken über die Düna, den breitesten Fluß im sowjetisch besetzten Baltikum. (Hitlers vor dem Krieg erfolgte Annexion der Freien Stadt Memel sicherte günstigerweise die erforderlichen Übergänge über die Memel, die zuvor die Ostgrenze Ostpreußens gebildet hatte.) Diese Brücken waren rund 250 Kilometer von Hoepners Ausgangspunkt entfernt und lagen in einem Gebiet, das die Russen zwar seit ihrer Annexion Litauens und Lettlands im Jahre 1940 kaum hatten befestigen können, aber das trotzdem eine stark verteidigte Zone bildete – nicht zuletzt wegen der Stärke der dort stationierten sowjetischen Truppen.

Tatsächlich erfuhr General Hoepner, als er sich am 22. Juni nach den Fortschritten seiner Operation erkundigte, gleich als erstes, daß eine starke sowjetische Panzerkolonne sich auf dem Marsch befand, um an der Straßenkreuzung bei Kedainjai auf sein LVI. Panzerkorps zu treffen.

Ausnahmsweise war es diesmal die Geschwindigkeit des Gegners, statt die der deutschen Panzer, die einen Frontalzusammenstoß verhinderte: Bis die Panzer des LVI. Korps die Straßenkreuzung erreichten, hatten die sowjetischen Panzer sie bereits passiert und waren weitergefahren. Von Manstein ließ das XLI. Panzerkorps zurück, um die dortige Situation zu bereinigen, und stieß mit seinen Divisionen weiter zur Düna vor. Am Morgen des 26. Juni rollten die Panzerspitzen der 7. Panzerdivision in Daugawpils ein und besetzten die dortigen beiden Brücken. Ihr Vormarsch hatte sich mit selbst bei Panzern erstaunlichem Tempo vollzogen, denn sie hatten vier Tage lang jeden Tag mindestens 60 Kilometer zurückgelegt. Hoepner warf jetzt das XLI. Korps nach vorn, das unterdessen den sowjetischen Panzerverband, der Hoepner am 22. Juni solche Sorgen gemacht hatte, eingekesselt und völlig vernichtet hatte. Jetzt erhielt es den Auftrag, flußabwärts des LVI. Korps Brückenköpfe jenseits der Düna zu bilden. Das gelang bis zum 1. Juli, so daß die Deutschen damit 30 Kilometer des Ostufers der Düna besetzt hielten.

Mit behelfsmäßigen Mitteln wurden genügend Treibstoff und Munition zu der Panzergruppe nach vorn gebracht, um sie für das zweite Stadium ihres Vorstoßes, das am nächsten Tag begann, zu versorgen. Die neuen Ziele dieses am 2. Juli fortgesetzten Angriffs lagen auf der „kleinen Landbrücke“ zwischen Peipus-See und Ilmensee entlang einer Linie, die auch die ehemalige Grenze zwischen Lettland und Rußland bezeichnete, so daß dort mit Befestigungen der „Stalin-Linie“ zu rechnen war. Die drei wichtigsten Städte entlang dieser Linie, um deren Eroberung es hauptsächlich ging, waren von Nord nach Süd Pleskau, Ostrow und Opotschka, alle an der Welikaja, die in den Peipus-See fließt.

Als erste dieser drei Städte wurde am 4. Juli Ostrow erreicht. Die Stadt war unverteidigt, denn die Sowjets hatten den deutschen Hauptvorstoß offenbar weiter nördlich erwartet und ihre Panzer bei Pleskau konzentriert. Als die sowjetischen Panzerverbände nach Süden einschwenkten, um am 5. Juli das XLI. Korps anzugreifen, wurden sie fast völlig aufgerieben: Auf dem Schlachtfeld nördlich von Ostrow blieben 140 abgeschossene oder ausgebrannte sowjetische Panzer liegen. Danach wurde Pleskau sofort von Einheiten des XLI. Korps besetzt; das LVI. Korps war bereits in Opotschka eingerückt.

Die Panzergruppe hatte nun über die Hälfte der Strecke nach Leningrad zurückgelegt. Aber ihr Vormarschtempo war jetzt zu langsam, was zum Teil auf Schwierigkeiten bei der Versorgung der Panzerspitzen zurückzuführen war, zum größeren Teil jedoch zwei wichtigere Gründe hatte: Die Panzerdivisionen stießen auf einen breiten Streifen für Panzer ungeeigneten Geländes, der wie ein Riegel quer zu ihrer Vormarschrichtung lag, und die Julikrise im deutschen Oberkommando wirkte sich auch auf die taktische Führung der Heeresgruppe Nord aus.

Das fragliche Gebiet waren sumpfige Niederungen jenseits des Flusses Welikaja an der ehemaligen lettisch-russischen Grenze. Am schlechtesten passierbar waren sie östlich von Opotschka, wo von Mansteins LVI. Panzerkorps die Welikaja überqueren und nach Nowgorod am Wolchow vorstoßen sollte, wo bereits der äußerste Verteidigungsring Leningrads begann.

Mehrere Versuche, das Sumpfgebiet zu durchqueren, zeigten rasch, daß dieser Plan nicht durchführbar war, und das LVI. Korps wurde deshalb nach Norden verschoben, wo es sich bei Ostrow dem XLI. Panzerkorps anschließen sollte. Auch dieses Korps kam jedoch nur unter schwierigen Bedingungen voran, und da die Schwierigkeiten eher noch wachsen würden, wenn beide Panzerverbände mit gleicher Stoßrichtung vorzugehen versuchten, wurde entschieden, das XLI. Panzerkorps nach Nordosten zur Ostseeküste zu verlegen, wo es in der Küstenebene bessere Bodenverhältnisse antreffen würde und einen neuen Brückenkopf jenseits der Luga errichten sollte.

Inzwischen sollte von Mansteins Korps den Brückenkopf bei Ostrow übernehmen und von dort aus auf Nowgorod vorrücken.

Dieser Plan war keineswegs dazu angetan, von Manstein zu begeistern, nach dessen Überzeugung die Panzergruppe unter allen Umständen zusammengehalten und für einen einzigen schweren Schlag verwendet werden sollte – getreu der orthodoxen Blitzkriegsdoktrin. Aber weder von Leeb noch Hoepner, die vielleicht im stillen seine Ansicht teilten, konnten von Manstein die entsprechenden Befehle erteilen. Ab Mitte Juli hatte von Leeb Befehl, den Vormarsch des linken Flügels der Heeresgruppe Mitte zu unterstützen, und mußte zu diesem Zweck Infanterie der 16. Armee von seinem eigenen rechten Flügel zum linken der Heeresgruppe Mitte in Marsch setzen, wodurch von Mansteins Flanke ungeschützt blieb, so daß von Leeb unmöglich gestatten konnte, daß seine Panzer besonders weit oder besonders schnell in Richtung Leningrad vorrückten. Tatsächlich mußte von Leeb Ende Juli ausdrücklich befehlen, der weitere Vormarsch von Mansteins LVI. Panzerkorps dürfe nur in Begleitung starker Infanterieverbände erfolgen, von denen es sich erst lösen dürfe, nachdem es den beiden gelungen sei, die gefährlichsten feindlichen Truppenansammlungen im Ilmenseegebiet zu zersprengen. Dieser Vormarsch erwies sich als mühevoller – vor allem für die Infanterie –, als abzusehen gewesen war, und von Leeb hatte sich Mitte August entschlossen, das Vorhaben aufzugeben, zu dem er ursprünglich angetreten war und von dem seine Panzerkommandeure noch immer träumten: den blitzartigen Vorstoß nach Leningrad hinein. Statt dessen plante er jetzt eine zangenartige Einschließung der Stadt durch seine beiden Panzerkorps, die an ihren Flanken von der 16. und 18. Armee unterstützt werden sollten. Gleichzeitig sollten die Finnen von Norden her über die Karelische Landenge angreifen und entlang des Ladogasees nach Südosten vorstoßen. Dieser Plan sah vor, daß die Deutschen zunächst das letzte natürliche Hindernis auf dem Weg nach Leningrad überwinden mußten: die aus dem Gebiet des Ilmensees nach Nordwesten zum Finnischen Meerbusen fließende Luga. Sie hielten bereits Brückenköpfe am jenseitigen Ufer – nur 100 Kilometer von Leningrad entfernt. Nun ging es darum, diese Brückenköpfe auszudehnen und die gegnerischen Stellungen entlang des Flusses aufzurollen. Die zur sowjetischen Nordwestfront gehörenden Kräfte waren auf drei Abschnitte verteilt. Im Abschnitt Kingisepp standen drei Infanteriedivisionen, der Abschnitt Luga wurde von drei weiteren verteidigt, und den Ostabschnitt am Ilmensee hielten eine zusammengekratzte Division und eine Gebirgsbrigade. Außer den genannten Verbänden gab es in diesem Gebiet noch Versprengte und Reste zerschlagener Einheiten, wobei allerdings ungewiß blieb, ob sie den Kampfwert der Verteidiger wirklich erhöhten.

Ihr Kampfwert war jedenfalls nicht hoch, und obwohl die sowjetischen Soldaten am 8. August, als der deutsche Angriff begann, so tapfer wie immer in aussichtslosen Lagen kämpften, waren sie durch ihren Mangel an Geschützen und Panzern von Anfang an entscheidend benachteiligt.

Am 11. August zeichnete sich im Abschnitt Kingisepp ein feindlicher Einbruch ab, und der Befehlshaber der Flußstellung, Popkow, dachte an einen Rückzug, obwohl er selbst nicht wußte, wohin er seine Truppe führen und wer diesen Rückzug decken sollte.

Von Mansteins LVI. Panzerkorps, das von Leeb vom rechten Flügel abgezogen hatte, befand sich auf dem Marsch zum Frontabschnitt Kingisepp; sobald es dort eingetroffen war, würde Popkow der feindlichen Übermacht weichen müssen. Fast im gleichen Augenblick gewährte das Schicksal den erschöpften sowjetischen Verteidigern jedoch eine Atempause. Ihre 38. Armee, die bisher an der Grenze zu Finnland gestanden hatte, war unentdeckt am Ostufer des Ilmensees nach Süden vorgerückt und stand plötzlich vor der ungeschützten Flanke von Leebs 16. Armee, was bei von Leeb und dem Armeebefehlshaber größte Besorgnis hervorrief.

Obwohl es sich bei den Angreifern hauptsächlich um Kavallerie handelte, beorderte von Leeb von Manstein schnellstens von seinem Vorstoß im Raum Kingisepp in die soeben verlassene Ausgangsstellung zurück; das LVI. Panzerkorps war also über 150 Kilometer weit vergeblich marschiert. Die sowjetische 38. Armee wurde rasch zersprengt, und der deutsche Angriff kam sofort wieder in Schwung. Nowgorod fiel am 16. August; Tschudowo wurde am 20. August eingenommen.

Aber trotz des Eintreffens eines weiteren Panzerkorps (des XXXIX. Korps) von der Panzergruppe 3 – eine Folge der von Hitler nach der Rastenburger Besprechung mit Guderian verfügten Neuverteilung der deutschen Panzerkräfte – kam von Mansteins LVI. Panzerkorps nicht so rasch voran wie das XLI., das am 21. August Krasnogwardeisk erreichte und damit nur 50 Kilometer vor Leningrad stand.

Anstatt diesen Angriffsschwung auszunützen, entschied von Leeb, das Panzerkorps solle nach Süden eindrehen und bei Nowgorod eine Verbindung mit von Manstein herstellen, um den gegnerischen Widerstand zu brechen, der den Vormarsch des LVI. Panzerkorps behinderte, und die anscheinend noch starken sowjetischen Kräfte einschließen, die am Luga standen oder sich von dort zurückzuziehen schienen. Die Verbindung zu von Manstein wurde am 31. August hergestellt und führte zur Bildung eines Kessels, in dem 20 000 Rotarmisten gefangengenommen wurden.

Der Kampf um die Einschließung Leningrads erreichte damit sein Endstadium. Die deutschen Truppen hatten noch immer den Auftrag, die Stadt „einzuschließen“, denn Hitler hatte nicht befohlen, Leningrad zu erobern. Aber selbst dazu war die Heeresgruppe Nord nur mit Unterstützung der Finnen imstande, die nicht recht bereit waren, die sowjetisch-finnische Grenze von 1939, die sie wieder erreicht hatten, zu überschreiten.

Am 22. August hatte das deutsche OKW Mannerheim aufgefordert, im Bereich der Karelischen Landenge nach Süden vorzustoßen, um Leningrad von Norden zu umgehen und östlich der Stadt mit den Deutschen zusammenzutreffen. Mannerheim hatte mit seiner Antwort bis zum 27. August gezögert und dem OKW dann mitgeteilt, er sei bereit, sich mit den Deutschen am Swir, dem Flüßchen zwischen der Südspitze des Ladogasees und dem weiter östlich gelegenen Onegasee, zu treffen. Aber er wollte den deutschen Truppen nicht noch weiter entgegenkommen (der Swir lag ohnehin nur knapp jenseits der sowjetisch-finnischen Grenze des Jahres 1939) und war absolut nicht bereit, von Karelien aus mehr als einen symbolischen Angriff auf Leningrad zu führen.

Keitel vom OKW flog am 4. September aufgebracht zu Mannerheim, weil er hoffte, ihn umstimmen zu können. Aber der finnische Marschall beharrte darauf, ihm fehlten „die notwendigen Kräfte" für einen weiteren Vorstoß in Richtung Leningrad. Obwohl der Grenzschutz natürlich starke Kräfte band, war allen Beteiligten klar, daß Mannerheim sich aus politischen Gründen weigerte, in Rußland einzufallen. So unwahrscheinlich es zum gegenwärtigen Zeitpunkt schien, daß Finnland sich jemals mit einer wiedererstarkten Sowjetunion würde auseinandersetzen müssen, so sehr war es ein Gebot der politischen Vorsicht, sich Rußland gegenüber nicht beutegieriger zu erweisen, als Rußland nach dem sowjetisch-finnischen Winterkrieg gewesen war. Auf solchen stillschweigenden Übereinkommen basieren die wichtigsten internationalen Abmachungen.

Die Heeresgruppe Nord mußte nun versuchen, die Einschließung Leningrads aus eigener Kraft zu erzwingen. Am 6. September wurde die Heeresgruppe jedoch durch Hitlers Weisung Nr. 35 geschwächt, in der festgelegt wurde, daß die Einnahme Moskaus nunmehr als wichtigstes, noch vor dem Winter zu erreichendes Ziel zu gelten habe. Diese Änderung des Feldzugsplans – oder vielmehr die Rückkehr zu dem ursprünglichen Plan – bedeutete, daß von Leeb den größten Teil seiner Panzerverbände an die Heeresgruppe Mitte abgeben mußte, um deren Vorstoß entlang der Hauptstraße nach Moskau zu beschleunigen. Zudem war das südliche Vorfeld Leningrads sehr stark befestigt und wies drei gut ausgebaute Befestigungsringe mit Hindernissen und vorbereiteten Abwehrstellungen auf. Die Deutschen hatten die erste Befestigungslinie vom 19. bis zum 21. August durchbrochen, aber die zweite und dritte Linie hielten stand. Obwohl sie bereits gut ausgebaut waren, wurden sie von der Leningrader Bevölkerung noch ständig weiter verstärkt.

Trotz dieser imposanten Befestigungen – sie sollen 1000 Kilometer Schützengräben, 650 Kilometer Panzergräben, 300 Kilometer Baumverhaue, 5000 Bunker und 600 Kilometer Drahthindernisse umfaßt haben – beschloß von Leeb, einen Sturmangriff zu riskieren. Er war sich vermutlich darüber im klaren, daß dies nicht Hitlers Wünschen entsprach, denn obwohl Hitler noch keinen endgültigen Entschluß über das Schicksal Leningrads gefaßt hatte – er hatte davon gesprochen, die drei Millionen Leningrader zur Flucht übers Land zu den russischen Linien zu zwingen oder in der Stadt verhungern zu lassen –, mußte ein Mann in Leebs Stellung Hitlers Abneigung gegen Straßenkämpfe kennen.

Am 8. September trat die Heeresgruppe Nord, die jetzt die Mehrzahl ihrer Panzer hatte abgeben müssen (das XXXIX. Korps blieb ihr unterstellt, aber die Panzergruppe 4 befand sich bereits auf dem Marsch zu von Bock), zum Angriff an. Gleich am ersten Tag erzielte sie ihren wichtigsten Erfolg: Sie eroberte Schlüsselburg am Ladogasee, so daß die Landverbindung zwischen Leningrad und dem übrigen Rußland abgeschnitten war. Von nun an war die Stadt nur noch durch die Luft und auf dem Wasserweg über den Ladogasee zu erreichen.

Danach kamen die Angreifer erheblich langsamer voran. Am 11. September gelang es den Deutschen, sich auf den Dudernof-Höhen festzusetzen, von denen aus sie „die goldenen Kuppeln und Türme“ Leningrads überblicken konnten, dessen Stadtmitte nur noch zwölf Kilometer von ihnen entfernt war. Die Kämpfe waren jedoch so schwer (eine Panzerdivision mußte ihren Kommandeur am 10. September dreimal verwundet auswechseln), daß Hitler sich gezwungen sah, die für von Bock bestimmten Panzerdivisionen zunächst noch bei von Leebs Heeresgruppe Nord zu belassen. Am 17. September bestand er jedoch darauf, sie wie geplant nach Südosten in Marsch zu setzen, und von diesem Augenblick an verlor der deutsche Angriff seinen ihm eigenen Schwung.

Diese Wende war allerdings nicht nur Hitler, sondern auch den Anstrengungen der sowjetischen Verteidiger der Stadt zuzuschreiben. Sie hatten mit ungewöhnlicher Zähigkeit, einigem Geschick und anscheinend ohne

Rücksicht auf Menschen- und Materialverluste gekämpft. Wie war es ihnen gelungen, die Verteidigung Leningrads so erfolgreich zu organisieren?

Zum Teil war dieser Erfolg auf den ungewöhnlich hohen Organisationsgrad der Einwohnerschaft zurückzuführen: Etwa 200 000 Leningrader waren Mitglieder der Kommunistischen Partei, und weitere 300 000 gehörten den Jungen Pionieren an, so daß etwa jeder sechste Leningrader von der Partei erfaßt und mit ihren Organisationsformen vertraut war. Viele andere waren vermutlich *Ossoawiachim*-Mitglieder, während es andererseits natürlich viele Doppelmitgliedschaften gab. Das bedeutete, daß ein großer Kern von Bürgern zur Verfügung stand, die für Notfallmaßnahmen ausgebildet und jetzt einsatzbereit waren. Außerdem lebten in der Stadt viele Industriearbeiter, die ohnehin schon straff organisiert waren, und die örtliche Parteiführung konnte zudem auf den ausgeprägten Lokalpatriotismus der einfachen Bürger bauen.

Einer der ersten Schritte zur Nutzbarmachung dieses beachtlichen Reservoirs an ausgebildeten und unausgebildeten Arbeitskräften zur Verteidigung Leningrads wurde am 27. Juni getan, als der dortige Stadtrat die Mobilmachung der gesamten männlichen Bevölkerung zwischen 16 und 50 Jahren und der Frauen zwischen 16 und 45 Jahren zum Einsatz für Verteidigungszwecke beschloß. Die Zahl der dadurch theoretisch zur Verfügung stehenden Arbeitskräfte war natürlich zu hoch, als daß die Zwangsverpflichteten sinnvoll hätten eingesetzt werden können, und der Stadtrat verzichtete in der Praxis darauf, die Bevölkerung in Massen zum Arbeitsdienst aufzurufen. Er berief jedoch die Jüngeren und Leistungsfähigeren ein, sobald sich die Bedrohung Leningrads Anfang Juli abzeichnete, und erbaute mit ihrer Hilfe den dreifachen Befestigungsgürtel um Leningrad.

Im Vorfeld dieses dreifachen Ringes war bereits ein weniger gut ausgebautes doppeltes Stellungssystem angelegt worden, das in der kritischen Zeit erweitert wurde, während ab August in den Außenbezirken der Stadt ein Labyrinth aus Barrikaden, Straßensperren, versteckten Bunkern und Stützpunkten errichtet wurde. „Die zu Befestigungsarbeiten Eingezogenen litten notwendigerweise unter großen Entbehrungen. Die Arbeit mußte von Leuten geleistet werden, die solche Schwerstarbeit häufig nicht gewöhnt waren. Sie mußten oft 12 bis 15 Stunden ohne Unterbrechung arbeiten, schliefen in Scheunen oder Hütten und waren gelegentlich feindlichem Artilleriebeschuß ausgesetzt. Manchmal wurden sie sogar durch einen plötzlichen Vorstoß des Gegners überrannt. In anderen Fällen beendeten sie einen Auftrag, um sofort mit einem Gewaltmarsch von zehn oder zwanzig Kilometern zur nächsten Baustelle zu beginnen. Meistens standen ihnen nur die einfachsten Werkzeuge zur Verfügung. Häufig mußten Frauen die schweren, aus Beton gegossenen Panzerhindernisse bewältigen. Viele der Leute hatten keine richtige Arbeitskleidung und -schuhe. Mädchen und Frauen kamen oft in leichten Sommerkleidern und dünnen Schuhen."

Trotz dieser Mühen und Entbehrungen arbeiteten die Arbeitskolonnen mit patriotischem Eifer – und durchaus erfolgreich, denn obwohl der Befestigungsgürtel sich nicht als völlig undurchdringlich erwies, beschränkte er den schließlich erkämpften deutschen Durchbruch auf einen so schmalen Streifen, daß der Gegner aus diesem zu kleinen Brückenkopf nicht zum Sturm auf die Stadt antreten konnte.

Leningrad mußte aus eigener Kraft für seine aktive wie für seine passive Verteidigung sorgen, und da die regulären Truppen im Juli und August im Vorfeld der Stadt schwere Verluste erlitten, spielten die aus der Einwohnerschaft aufgestellten Einheiten eine entscheidende Rolle, als der deutsche Vormarsch verzögert und schließlich zum Stehen gebracht wurde.

Es gab eine ganze Reihe solcher Einheiten. Die erste Gruppe, die zum Kampf gegen feindliche Fallschirmjäger gedachten Vernichtungsbataillone, wurde ab 24. Juni organisiert und hatte am 5. Juli eine Stärke von 17 000 Mann erreicht. Unterdessen war die Stadt jedoch dabei, eine viel stärkere Streitmacht aufzustellen: eine 200 000 Mann starke Milizarmee mit 15 Divisionen. Dieses Vorhaben erwies sich als allzu ehrgeizig, weil die Einberufung so vieler Männer die Produktion der zahlreichen und sehr wichtigen Leningrader Industriebetriebe stark beeinträchtigt hätte. Aber dadurch konnten sehr rasch, zwischen dem 5. und 15. Juli, drei Divisionen – die 1., 2. und 3. *Opoltschenje* – aufgestellt werden, die trotz fehlender Ausbildung, mangelhafter Ausrüstung und unzulänglicher Führung durch von der Partei bestimmte Männer, von denen nur wenige Reserveoffiziere waren, fast augenblicklich an die Front geworfen wurden. Eine vierte Division wurde am 19. Juli aufgestellt.

Wenig später entschied Woroschilow, der Oberbefehlshaber der Nordwestfront, zukünftige *Opoltschenje*-Divisionen sollten den Namen „Garde“ tragen – eine Bezeichnung, die seit der Oktoberrevolution verpönt gewesen war. Vier solcher Divisionen wurden vom 24. Juli bis zum 13. August aufgestellt und rasch an die Front geschickt, die jetzt immer näher an Leningrad heranrückte. Stalin griff später diese Idee Woroschilows auf und verbesserte sie, indem er die Ehrenbezeichnung „Garde“ an Einheiten verlieh, die sich hervorragend geschlagen hatten. So wurde diese Vorsilbe – *Garde*armee, *Garde*schützendivision – zu einer begehrten Auszeichnung.

Aber trotz aller Anstrengungen, die Leningrad zu seiner Verteidigung unternahm, konnte es den deutschen Vormarsch nicht aufhalten und nicht verhindern, daß es vom übrigen Rußland abgeschnitten wurde. Mitte September sah es dann so aus, als würden die Verteidiger der Stadt dem letzten deutschen Ansturm nicht mehr lange widerstehen können. Am 10. September eroberten die Deutschen Krasnoje Selo, das russische Versailles, und am 14. September durchbrach die Spitze des XLI. Panzerkorps auf den Pulkowo-Höhen den inneren der drei Befestigungsringe und stand zum Vorstoß ins Herz der Stadt bereit.

Aber dazu sollte es nicht mehr kommen. Nach langer Unentschlossenheit war Hitler endlich zu der Überzeugung gelangt, Leningrad solle nicht gestürmt werden. Die Ausdehnung der Stadt, ihre massiven Gebäude (da Leningrad im westlichen Stil erbaut war, waren seine monumentalen öffentlichen Gebäude und viele der dortigen Privathäuser erheblich solider gebaut als in anderen sowjetischen Städten) und ihre zahlreichen Kanäle machten sie zu einem militärischen Hindernis erster Ordnung, dessen Eroberung nur unter schweren Verlusten möglich sein würde.

Von Leeb, der Oberkommandierende der Heeresgruppe Nord, versuchte zwischen dem 6. und 14. September trotzdem einen Handstreich, dessen anfänglicher Erfolg Hitler dazu bewog, die Weisung Nr. 35, in der er die Abgabe aller Panzerverbände an die Heeresgruppe Mitte befohlen hatte, vorläufig außer Kraft zu setzen. Aber das Fehlschlagen dieses Vorstoßes, das sich am 14. September deutlich abzeichnete, veranlaßte ihn, das Eindringen größerer deutscher Kräfte in die Stadt erneut zu untersagen. Hitler hielt es für ausreichend, Leningrad eng einzuschließen. Die Stadt sollte dann durch Bombenangriffe und Artilleriebeschuß in Trümmer gelegt und die etwa noch überlebende Bevölkerung dem Hungertod preisgegeben werden.

Im Winter 1941/42 starben fast eine Million Leningrader an Hunger, Kälte oder den dadurch hervorgerufenen Krankheiten. Obwohl auf dem zugefrorenen Ladogasee eine „Eisstraße“ angelegt wurde, erwies es sich als unmöglich, auch nur so viel Nachschub in die Stadt zu transportieren, daß wenigstens die Frontkämpfer das lebensnotwendige Minimum an Verpflegung erhalten konnten. Wer weniger wichtige Arbeit leistete, bekam entsprechend weniger, und die Arbeitsunfähigen, vor allem die Alten, die in ihren ungeheizten Häusern bleiben mußten, erhielten lediglich symbolische Zuteilungen.

Nach Einbruch des Winters konnten die deutschen Panzer wieder stärker in das Geschehen eingreifen

Panzer vom Typ MK II verlassen im Dezember 1941 Rostow nach kurzer Besetzung der Stadt

Schweres Flakgeschütz im Zentrum von Leningrad

Eine Gruppe von MK-III-J-Panzern, die mit der neuen 50-mm-Kanone ausgerüstet waren

Barrikadenbau mitten in Leningrad

Der erste Schnee. Der Transport der Infanterie fand ausschließlich mit Pferdefuhrwerken statt

Bau von Panzersperren an der Stalin-Linie

Trotz dieser schrecklichen Erlebnisse wurde die Leningrader Bevölkerung keinen Augenblick in ihrem von Anfang an gefaßten Entschluß wankend, ihre Stadt ohne Rücksicht auf Verluste zu verteidigen. Dieser Entschluß, der die Deutschen dazu zwang, an der Nordfront mehr Kräfte einzusetzen und dort länger im Einsatz zu lassen, als bei nüchterner Überlegung eigentlich gerechtfertigt gewesen wäre, trug wesentlich dazu bei, Hitler daran zu hindern, sein für 1941 gestecktes Ziel zu erreichen: die Eroberung Moskaus.

Niederlage vor den Toren Moskaus

Vor der Einschließung Leningrads (8. September) und der Einnahme Kiews (15. September) hatte Hitler endlich dem Drängen seiner Mitarbeiter nachgegeben – aber auch seiner inneren Stimme –, die jetzt forderten, die Wehrmacht oder vielmehr das Ostheer, das ihren weitaus größten Teil bildete, solle sich nicht auf Nebenkriegsschauplätzen in den Nord- und Südabschnitten der Front verzetteln. Statt dessen sollten alle verfügbaren Kräfte, alle Reserven und vor allem die Panzerverbände für einen abschließenden Vorstoß nach Moskau zusammengefaßt werden.

Dafür sprachen mehrere gewichtige Gründe: Moskau war noch immer das sowjetische Verkehrs- und Nachrichtenzentrum, der Sitz der Zivilverwaltung und das Symbol des sowjetischen Widerstands. Ein Angriff auf Moskau mußte die Russen aus strategischen, politischen und emotionalen Gründen dazu zwingen, ihre besten verbliebenen Truppen zusammenzuraffen – und trotz ihrer nachdrücklich bewiesenen Fähigkeit, immer wieder neue Divisionen aus dem Nichts hervorzuzaubern, war die deutsche Aufklärung der Ansicht, dabei könne es sich um keine größeren Verbände mehr handeln –, um die Hauptstadt zu verteidigen. Die Deutschen glaubten und hofften, die Schlacht um Moskau werde die Rote Armee vernichten und den Rußlandfeldzug mit einem Schlag beenden.

Hitlers Weisung Nr. 35, durch welche die Oberbefehlshaber der drei Heeresgruppen vom Sinneswandel des Führers erfuhren, nannte allerdings weniger hochgesteckte Ziele für die bevorstehende Operation. Die am 6. September erlassene Weisung bestimmte lediglich, daß ein Angriff gegen die Heeresgruppe Timoschenko (sowjetische Westfront) vorzubereiten sei, der so früh wie möglich beginnen solle – voraussichtlich Ende September.

Damit der Angriff mit der nötigen Wucht und Durchschlagskraft geführt werden konnte, sollten die Heeresgruppen Nord und Süd von Bocks Heeresgruppe Mitte starke Kräfte unterstellen. Dabei handelte es sich vor allem um Hoepners Panzergruppe 4, die bisher zur Heeresgruppe Nord gehört hatte, und Guderians Panzergruppe 2, die von der Heeresgruppe Süd zurückkam. Bock konnte deshalb über drei Panzergruppen verfügen: diese beiden und Hoths Panzergruppe 3, die ebenfalls Leebs Vorstoß nach Leningrad unterstützt hatte. Zu diesen Panzerverbänden kamen drei Infanteriearmeen, die 2., 4. und 9. Armee.

Ihr erstes Ziel sollte es sein, möglichst große Teile der „Heeresgruppe Timoschenko" einzukesseln. Vorgesehen war eine doppelte, in allgemeiner Richtung Wjasma angesetzte Umfassung mit starken Panzerkräften auf den Flügeln. Danach würden die deutschen Panzerspitzen bis auf etwa 170 Kilometer an Moskau herankommen und an der von dort aus nach Westen führenden Hauptstraße stehen. Guderians Panzergruppe 2 – oder vielmehr seine

2. Panzerarmee, wie sie jetzt hieß – sollte zu einer ähnlichen Umfassung „voraussichtlich im Raum südostwärts Roslawl, mit Stoßrichtung Nordost“ (das heißt im Raum Brjansk) ansetzen, um sich mit der Infanterie der 2. Armee zu vereinigen, die nach Osten vorstoßen würde.

Die endgültigen Ziele dieser Operation, die auf Anordnung aus dem Führerhauptquartier den Decknamen „Taifun“ erhielt, faßte von Bock am 19. September in dem Angriffsbefehl für seine Heeresgruppe zusammen. Nun handelte es sich lediglich noch darum, die benötigten Kräfte und Materialmengen zusammenzuziehen, aber die Aufgabe, Verstärkungen und erst recht genügend Nachschub heranzuführen, war inzwischen nur mehr unter größten Schwierigkeiten zu bewältigen. Obwohl die wichtigsten Eisenbahnstrecken bis Smolensk und Roslawl, beides Städte, die verhältnismäßig dicht hinter der Front lagen, in Betrieb waren, lag ihre Transportleistung weit unterhalb des Vorkriegsniveaus. Nur etwa 15 000 Kilometer Gleise, eine angesichts der Weiten Westrußlands verschwindend geringe Zahl, waren bisher auf Normalspur umgenagelt worden. Andererseits waren die Bahnstrecken für die Vorbereitung einer Offensive von entscheidender Bedeutung, denn das sowjetische Straßennetz und der Lkw-Transportraum der Wehrmacht reichten nicht aus, um den benötigten Nachschub in den Mengen und so rechtzeitig auf der Straße heranzuschaffen, daß Hitlers Zeitplan für die Offensive eingehalten werden konnte. Außerdem standen viele der vorhandenen Lastwagen in diesem Stadium des Rußlandfeldzugs kurz vor dem Zusammenbruch, was übrigens auch für einen Großteil der Panzer galt, denn die riesigen Entfernungen, die bei Vorstößen, Umgruppierungen und Verlegungen bewältigt worden waren, hatten ihren Tribut gefordert. Ersatzteile wurden in großen Mengen benötigt, da bei vielen Panzerdivisionen nur noch weniger als ein Viertel des ursprünglichen Bestandes einsatzfähig war.

Tatsächlich wurden dann genügend Verstärkungen und Nachschub herangeführt, so daß von Bock seine Offensive mehr oder weniger pünktlich am 2. Oktober beginnen konnte. Die seiner Heeresgruppe Mitte gegenüberstehenden Russen, die fast ganz ohne Luftaufklärung auskommen mußten, wurden von diesem Angriff überrascht, und da sie erheblich weniger zahlreich waren, als aufgrund ihrer Schlachtordnung zu vermuten gewesen wäre, mußten sie sofort zurückweichen. Die sowjetischen Truppen waren in drei Heeresgruppen aufgeteilt: die Westfront, an deren Spitze Timoschenko seit Hitlers Weisung Nr. 35 durch Konew abgelöst worden war, die Brjanskfront unter Befehl Jerjomenkos und die Reservefront, die jetzt Schukow unterstand, der mit Verstärkungen für die beiden anderen Fronten knauserte.

Insgesamt versuchten die Sowjets, von Bocks Offensive mit 15 Armeen aufzuhalten; ihr Aufgebot war jedoch keine halbe Million Mann stark, und viele der Rotarmisten waren Reservisten oder Wehrpflichtige, die erst vor kurzem in ihren Heimatdörfern eingezogen worden waren. Trotz ihrer tiefen Staffelung – Schukow hatte während der Kämpfe vier Armeen an der sogenannten Wjasma-Linie stehen – war die sowjetische Abwehr deshalb nicht sonderlich wirkungsvoll. Tatsächlich stellte sich nach Beginn der Offensive heraus, daß sie in mancher Beziehung so organisiert war, daß die Abwehr einen deutschen Angriff eher begünstigte, als ihn aufzuhalten.

Die Heeresgruppe Mitte schlug am 2. Oktober los und durchbrach rasch die russische Front. Wie sowjetische Quellen später eingestanden, wurden die Hauptkräfte ihrer West- und Reservefront – die 19., 24., 30. und 32. Armee – bis 7. Oktober eingekesselt: Sie wurden zwischen Wjasma und Smolensk von den schnell vorstoßenden Panzerflügeln von Bocks Hauptstreitmacht umfaßt.

Über die Lage am 7. Oktober berichtete Schukow seinem Obersten Befehlshaber Stalin: „Die Panzertruppen des Gegners können... überraschend vor Moskau auftauchen.“ Diese Meldung enthielt das Eingeständnis der sowjetischen Hilflosigkeit angesichts der gut vorbereiteten und entschlossen vorgetragenen Offensive. Die eingekesselten Rotarmisten hatten zwar tapfer gekämpft und kämpften auch als Eingeschlossene tapfer weiter, aber ihnen fehlte die Geschicklichkeit, um einen scharf zusammengefaßten, koordinierten Gegenangriff vorzutragen, der allein geeignet gewesen wäre, den erfahrenen Gegner aus dem Gleichgewicht zu bringen und in seine Ausgangsstellungen zurückzuwerfen. Andererseits fehlten den sowjetischen Truppen natürlich Panzer und schwere Waffen.

Guderian war es gleichzeitig gelungen, im Südteil der Front der Heeresgruppe Mitte bei Brjansk einen ähnlichen Erfolg wie bei Wjasma zu erzielen. Ein Teil seiner 2. Panzerarmee, die nach Norden einschwenkte, um nach

Orel vorzustoßen, traf am 9. Oktober auf die marschierenden Infanteriekolonnen der 2. Armee; dadurch waren zwei weitere sowjetische Armeen, die 3. und 13. Armee, eingekesselt und wurden vernichtet. Als Ergebnis dieser Doppelschlacht von Wjasma und Brjansk meldeten die Deutschen, sie hätten 657 000 Gefangene gemacht und 1241 Panzer und 5396 Geschütze erbeutet. Außerdem hatten die Russen in vielen Fällen nur wenig Kampfgeist bewiesen und sich bereitwillig ergeben. Auf diesen Erkenntnissen basierte Hitlers allzu optimistisches Urteil über die Erfolgsaussichten des deutschen Vorstoßes nach Moskau.

Hätte er die Meldungen von der Ostfront unvoreingenommen ausgewertet, hätte er Beweise für einen ganz anderen Kampfgeist der sowjetischen Truppen finden müssen. Als Guderian am 8. Oktober seine 4. Panzerdivision besuchte, die es am 6. Oktober zum ersten Mal mit russischen T 34 zu tun bekommen hatte, mußte er feststellen, daß die Schilderung der neuen Angriffstaktik der russischen Panzer sehr besorgniserregend klang. Die damals vorhandenen deutschen Abwehrwaffen waren nur unter außergewöhnlich günstigen Umständen gegen den T 34 erfolgreich. Die kurze 7,5-cm-Kanone des Panzers IV war nur wirksam, wenn der T 34 von hinten angegriffen wurde, selbst dann mußte der Treffer auf der Motorenabdeckung sitzen, um ihn außer Gefecht zu setzen. Die Russen griffen frontal mit Infanterie an, während ihre Panzer massiert gegen die deutschen Flanken vorstießen. Sie hatten offenbar dazugelernt.

Noch bedrohlicher war wohl der erste Schneefall des bevorstehenden Winters, den Guderian am 6. Oktober in seinem Kriegstagebuch vermerkte. Der Schnee schmolz rasch und ließ die Straßen erneut mit einer Schlammschicht bedeckt zurück. In diesem Stadium des Rußlandfeldzugs und zu dieser Jahreszeit war schwer zu entscheiden, was vorzuziehen gewesen wäre: ein langer Herbst mit den dazugehörigen Regenfällen, die sämtliche Bewegungen behinderten, oder ein früher Winter, der den Boden gefrieren ließ, so daß ein schneller Vorstoß nach Moskau möglich war – oder der die ersten Schneestürme brachte. Auf beide Möglichkeiten hatte Hitler keinen Einfluß.

Auf sowjetischer Seite gingen solche ermutigenden Anzeichen in den Auswirkungen der aufeinanderfolgenden neuen Katastrophen unter. Die Anfangserfolge der deutschen Offensive führten zur Bildung – mehr durch Befehl als durch tatsächlichen Ausbau – einer neuen, „endgültigen" Verteidigungslinie, der 65 Kilometer westlich von Moskau liegenden Moschaisk-Stellung, und zur Ernennung eines neuen Oberbefehlshabers der sowjetischen Westfront. Diesmal wurde als Oberbefehlshaber ein General eingesetzt, der sich später, was sich schon damals andeutete, als Meister der Kriegskunst erweisen würde: Schukow.

Schukow, Kavalleriekommandeur im Bürgerkrieg und Panzerführer im russisch-japanischen Grenzkonflikt in der Mongolei, mußte jetzt notwendigerweise eine Rückzugsstrategie verwirklichen oder „hinhaltenden Widerstand" leisten, wie die Theoretiker es nennen würden. War diese Strategie schon mit ausgeruhten und gutausgerüsteten Truppen schwer durchzuhalten – Guderian bezeichnete sie als unfehlbares Rezept zur Erzeugung von allgemeiner Verwirrung –, war sie fast unmöglich mit den zersprengten Einheiten zu verwirklichen, die ihm nach Smolensk und Wjasma-Brjansk noch blieben.

Immerhin war das Schema, nach dem der deutsche Angriff vorgetragen zu werden schien, in gewisser Beziehung beruhigend. Am schwächsten waren die Angriffe in der Frontmitte entlang der Hauptstraße Minsk–Moskau, wo die bei Wjasma eingekesselten sechs sowjetischen Armeen weiterkämpften und dadurch verhinderten, daß die Panzergruppe 4 oder die 9. Armee auf dieser Straße rasch weiter vorstießen. Auf den Flügeln, quer zu der Angriffsrichtung der nach Kalinin im Norden marschierenden Panzergruppe 3 und vor Tula im Süden, das Guderian nehmen sollte, standen noch immer organisierte, wenn auch nicht allzu starke sowjetische Kräfte abwehrbereit. So konnte Schukow hoffen, daß es ihm gelingen würde, diese beiden Flügel, die Moskau einzuschließen drohten, lange genug aufzuhalten, bis der Winter – die Schneestürme würden in spätestens sechs Wochen einsetzen – und herangeführte Verstärkungen den gegnerischen Vorstoß zum Stehen bringen würden.

Diese Hoffnung wurde jedoch schon am 14. Oktober zunichte gemacht, als Hoths Panzergruppe 3 die sowjetische Abwehrfront im Nordteil durchbrach, Kalinin besetzte und das „Moskauer Meer“, den Stausee 110 Kilometer nördlich der Hauptstadt, erreichte. Diese auch für das sowjetische Oberkommando erschütternde Tatsache ließ sich der Moskauer Einwohnerschaft nicht verheimlichen und rief am 16. Oktober sowie an den folgenden Tagen eine Panik und eine Flucht aus der Stadt hervor, die nur durch brutale Sicherheitsmaßnahmen unterbunden werden konnte. Zahllose Moskauer – wahrscheinlich etwa eine halbe Million Menschen – schufteten zu diesem Zeitpunkt als Zwangsarbeiter beim Bau der westlichen Verteidigungsstellungen und hätten nicht zurückweichen können, selbst wenn sie gewollt hätten. Lediglich die unbeaufsichtigt Daheimgebliebenen besaßen oft nicht genug Durchhaltevermögen.

Obwohl die Gesamtlage sich noch verschlechtern sollte, besserte die Kampfmoral der Zivilbevölkerung sich nach dieser überraschend eingetretenen Krise spürbar. Diese Besserung war auf mehrere Faktoren zurückzuführen, zu denen Stalins höchst bemerkenswerte Rede gehörte, die er am Jahrestag der Oktoberrevolution vor auf dem Roten Platz in Moskau angetretenen Soldaten hielt. In einer Art und Weise, die kein marxistischer Theoretiker hätte gutheißen können, beschwor er alle russischen Nationalhelden – vor, nach und sogar gegen die Revolution –, um seine Zuhörer davon zu überzeugen, was ihm ziemlich gut gelang, daß es sich bei diesem Krieg um einen vaterländischen Krieg handele, der von allen Russen für Rußland, nicht nur von Parteimitgliedern für den Kommunismus geführt werden müsse.

Aber mit Ansprachen lassen sich keine Panzer aufhalten. Und obwohl die deutschen Panzerverbände nur noch Bruchteile ihrer Sollstärke besaßen, stießen ihre Spitzen im Norden und Süden weiter auf Moskau vor – in Richtung Klin und Istra, nach Tula und Stalinogorsk. Aber das Vormarschtempo war im Vergleich zu dem sonst bei Panzern üblichen verzweifelt langsam, denn zu der erbitterten Gegenwehr der Russen, die jeden Fußbreit Boden mit letzter Kraft verteidigten, kam noch, daß die herbstliche Schlammperiode das Gelände abseits der Straßen in unwegsamen Morast verwandelte. Erst Anfang November machten die ersten Winterfröste den Boden wieder so hart, daß das deutsche Oberkommando daran denken konnte, den letzten Vorstoß bis zu den nur noch 65 Kilometer entfernten Türmen und Kuppeln des Kremls zu organisieren.

Es mußte jedoch mit einem sehr starken Absinken des Kampfwertes der eigenen Truppe rechnen. Obwohl die Infanteriedivisionen noch etwa 65 Prozent ihrer ursprünglichen Stärke besaßen, waren etwa die Hälfte der Panzergrenadiere der Panzer- und motorisierten Divisionen ausgefallen – und ohne diese Begleittruppen waren Panzervorstöße nicht durchführbar –, während ihr Panzerbestand um 65 Prozent gesunken war. Unter dem Eindruck dieser Zahlen fand in Orscha, dem Hauptquartier der Heeresgruppe Mitte, am 13. November ein Kriegsrat statt, an dem Halder, der Chef des Generalstabs im OKH, und die Generalstabschefs fast aller Heeresgruppen und Armeen des Ostheeres teilnahmen. Diese Besprechung, zu der statt der Kommandeure ihre „Führungsgehilfen", die Generalstabsoffiziere, zusammenkamen, war eine Konsequenz der deutschen Führungsstruktur, die den Generalstabschefs bemerkenswert viel Einfluß und Unabhängigkeit sicherte.

Halder legte ihnen eine einfache Frage vor: Sollten die Deutschen ihre Offensive fortsetzen oder sollten sie sich eingestehen, daß das bevorstehende Eintreffen von „General Winter" es ratsam erscheinen ließ, bis zum Frühjahr zur Verteidigung überzugehen? Sodenstern, der Generalstabschef von Rundstedts Heeresgruppe

Mitte, antwortete als erster; er plädierte für eine sofortige Beendigung der Offensive – zumindest in der Ukraine, wo die deutschen Spitzen soviel weiter als an den anderen Fronten vorgestoßen waren und nun riskierten, abgeschnitten zu werden, wenn ihnen nicht gestattet wurde, ihre Geländegewinne zu konsolidieren. Greiffenberg, der Generalstabschef von Leebs Heeresgruppe Nord, sprach für eine Front, die bereits zur Unbeweglichkeit erstarrt war; auch er plädierte für eine Einstellung der Herbstoffensive.

Nur von Bocks Generalstabschef Brennecke brachte Argumente für eine Fortsetzung des Vorstoßes auf Moskau vor, den er als militärisch und psychologisch notwendig schilderte. Seiner Überzeugung nach mußte notfalls ein Mißerfolg riskiert werden, denn es sei noch schlimmer, nur 50 Kilometer vor dem verlockenden Ziel ungeschützt in Eis und Schnee liegenbleiben zu müssen. Halder schloß sich dieser Auffassung an. In Wirklichkeit hatte Hitler sich bereits zu einer Fortführung der Offensive entschlossen, so daß der Kriegsrat in Orscha eher einem Meinungsaustausch diente, als tatsächlich zu Beschlüssen zu führen. Die dort vertretenen unterschiedlichen Ansichten waren jedoch von größtem Interesse für das deutsche Oberkommando – und sind es noch heute für jeden, der sich mit der Geschichte des Rußlandfeldzugs beschäftigt.

Das Endstadium des deutschen Vorstoßes nach Moskau begann am 16. November. Von Bock hatte die Panzergruppe 4 nach Nordosten in Richtung Panzergruppe 3 (jetzt unter Befehl von Reinhardt) verschoben. Dadurch hatte sich der Frontabschnitt von Kluges

4. Armee, die schwach an Panzern war, im Vergleich zu früher wesentlich verbreitert, und Guderians 2. Panzerarmee blieb am rechten äußeren Flügel ganz auf sich allein gestellt. Die allgemeine deutsche Stoßrichtung ging nach Nordosten, und das Ziel dieser Offensive war den Russen ebenso klar wie dem bestinformierten deutschen Generalstäbler: Moskau sollte von zwei Seiten in die Zange genommen und eingeschlossen werden.

Obwohl die sowjetische Front durch zusätzliche Truppen und Nachschub aus dem Landesinneren verstärkt worden war und die meisten unfähigen Kommandeure abberufen worden waren, gelang es den Russen zunächst nicht, diesen deutschen Vorstoß auf breiter Linie zum Stehen zu bringen.

In Tula, das Guderian zum zweitenmal zu erobern versuchte, wehrten die Verteidiger den deutschen Angriff in den Vororten ab und bewiesen, daß sie den Angreifern Verluste zufügen konnten, die Guderian für nicht tragbar hielt. Aber er ließ seine Panzerkolonnen lediglich um Tula herum ausweichen und setzte etwas weiter nördlich zum Angriff auf die Zufahrtsstraßen nach Moskau an. Und im Norden, wo die Russen sich bemühten, ihre Stellungen am Wolgakanal und dem Moskauer Meer zu halten, gelang der 9. Armee trotzdem der Durchbruch zum Kanal, während die Panzergruppe 3 ihn am 27. November etwa zur gleichen Zeit südlich von Dimitrow erreichte. Am 28. November schaffte es die 7. Panzerdivision, auf dem jenseitigen Ufer einen Brückenkopf zu bilden, aber verzweifelte sowjetische Gegenangriffe machten alle Hoffnungen zunichte, aus diesem Brückenkopf ausbrechen zu können.

Der deutsche Angriff hatte jetzt sein entscheidendes Stadium erreicht. Bei Krasnaja Poljana standen die Spitzen der Panzergruppe 3 nur noch 30 Kilometer vor Moskau. Die 4. Armee, die Burzewo erreicht hatte, war nur mehr 40 Kilometer von der russischen Hauptstadt entfernt. Guderian im Süden hatte noch 110 Kilometer zurückzulegen. Angeblich sollen deutsche Soldaten in den nächsten Tagen nahe genug an Moskau herangekommen sein, um die Kremltürme in der Abendsonne glänzen zu sehen, während einige Spähtrupps sogar in die Vororte der Hauptstadt gelangt sein sollen. Falls das stimmt, waren ihre Vorstöße das letzte Aufbäumen einer Armee, die stehend k.o. ging.

Der Westeuropäern unbekannte und für sie unvorstellbare russische Winter schlug jetzt grausam zu, und die durch ihn hervorgerufenen Verluste bewirkten gemeinsam mit denen, die die noch immer verbissen kämpfende und jetzt erheblich verstärkte Rote Armee den Deutschen zufügte, daß ein deutscher Angriff nach dem anderen liegenblieb. Guderians 2. Panzerarmee kam nicht mehr weiter voran, nachdem sie am 25. November nach Kaschira vorgestoßen war und damit den letzten Versuch gemacht hatte, nach Osten durchzubrechen und Moskau zu umgehen.

Zwei Tage später befahl Guderian den Rückzug in zur Verteidigung geeignete Stellungen. Und ab 29. November kamen weder die 9. Armee noch die Panzergruppe 3 weiter voran. Von Bock erläuterte Halder in einem Schreiben vom 1. Dezember die prekäre Lage seiner Heeresgruppe Mitte und führte aus, daß die Offensive nach weiteren blutigen Kämpfen beschränkte Geländegewinne bringen und einen Teil der feindlichen Kräfte vernichten werde, aber daß ein strategischer Erfolg höchst unwahrscheinlich sei. Die Vorstellung, der von der Heeresgruppe stehende Feind stehe vor dem Zusammenbruch, habe sich nach den Kämpfen der letzten 14 Tage als Hirngespinst erwiesen. Ein Anhalten vor den Toren Moskaus, das durch sein Schienen- und Straßennetz mit fast ganz Ostrußland verbunden sei, bedeute für die deutschen Truppen schwere Abwehrkämpfe gegen einen zahlenmäßig weit überlegenen Feind. Weitere Offensivtätigkeit erscheine deshalb sinn- und zwecklos, zumal der Zeitpunkt bevorstehe, an dem die Truppe völlig abgekämpft sein werde.

Tatsächlich war dieser Zeitpunkt bereits gekommen. Die einfachen deutschen Soldaten an der Front konnten sich kaum noch bewegen und noch weniger kämpfen. Die meisten von ihnen besaßen keinerlei Winterbekleidung, sondern mußten mit ihren Mänteln auskommen, die wenig Schutz vor dem schneidenden Steppenwind boten, und trugen ihre engen, genagelten Schaftstiefel, die fast unweigerlich zu Erfrierungen führten. In den Lazaretten waren Fälle von Erfrierungen jetzt häufiger als Verwundungen, und da Hitler die rechtzeitige Zuführung von Winterkleidung verboten hatte, weil er fürchtete, Beweise für die Vorbereitung eines Winterkriegs würden die deutsche Kampfmoral beeinträchtigen, war damit zu rechnen, daß die Zahl der Erfrierungen weiter steigen würde.

Die Truppe hatte selbstverständlich zu improvisieren begonnen, indem die Landser ihre Drillicharbeitsanzüge über der feldgrauen Uniform trugen und die Zwischenräume mit Zeitungspapier ausstopften, aber auch Improvisationen konnten das Ostheer nicht vor dem russischen Winter bewahren.

Andererseits konnte der russische Winter die Rote Armee entscheidend unterstützen. Die Wintermonate waren traditionellerweise Rußlands wirksamste Waffe gegen Invasoren, aber Wolken und Schneestürme bildeten auch einen wertvollen Sichtschutz, hinter dem Verstärkungen zusammengezogen werden konnten. Bisher hatte er wenig genützt, weil keine Verstärkungen aufzutreiben waren. Aber plötzlich standen beträchtliche Reserven zur Verfügung, und Schukow stellte sie für eine Gegenoffensive bereit, die Moskau retten würde. Wie er zu diesen Divisionen kam, ist eine faszinierende Geschichte.

Rußland hatte schon unter zaristischer Herrschaft eine starke Armee in Sibirien unterhalten, um seine Grenzen zu China, der Mandschurei, der Mongolei und Korea zu schützen. Diese Armee, die später entlang der Transsibirischen Eisenbahn verstärkt wurde, hatte im russisch-japanischen Krieg 1904/05 gekämpft. Die Sowjetregierung hatte die Fernostarmee beibehalten und weiter ausgebaut, so daß sie unter Marschall Blüchers Kommando schließlich halbautonom wurde – und zugleich sehr schlagkräftig. Sie kämpfte zweimal gegen die Japaner, mit denen es ständig Auseinandersetzungen wegen der genauen Grenzziehung zwischen der von der Sowjetunion protegierten Mongolei und dem von den Japanern besetzten China gab, und errang zuletzt in der Schlacht am Chalchin-Gol einen entscheidenden Sieg.

Obwohl die Sowjets weiterhin diplomatische Beziehungen zu den Japanern unterhielten, betrachteten sie sie seither als potentielle Aggressoren und sorgten dafür, daß ihre Fernostarmee stets hervorragend ausgerüstet und kampfbereit war. Sie bestand immer aus 30 bis 40 Divisionen mit zahlreichen Panzern und Flugzeugen. Auch während der Katastrophen im Sommer und Frühherbst 1941 blieb die Stärke der Fernostarmee unvermindert.

Ab Juli hatte der Kreml jedoch Berichte erhalten, nach denen Japan vermutlich vor einer so großen und so weit von der Sowjetunion entfernten Offensive stand, daß nun doch daran gedacht werden könne, einen Teil der in Sibirien stationierten Truppen an die russische Westfront zu verlegen. Diese Berichte stammten von einem sehr bemerkenswerten Mann: Richard Sorge – jetzt ein posthumer Held der Sowjetunion, damals ein scheinbar patriotischer deutscher Journalist, der in Tokio arbeitete und sich als eifriger Nazi tarnte.

Sorge war allerdings Deutscher, aber er war außerdem Kommunist und arbeitete seit vielen Jahren für den sowjetischen Geheimdienst. Es war ihm gelungen, sich hervorragend zu tarnen und Informationen aus der deutschen Botschaft und dem japanischen Kabinett zu beschaffen – einmal durch seine Bekanntschaft mit dem deutschen Botschafter, im anderen Fall durch einen japanischen Mittelsmann. Auf diese Weise erfuhr er von dem bevorstehenden japanischen Überfall auf Pearl Harbor und konnte diese Meldung vielleicht schon am 3. Oktober an Moskau weitergeben. Noch beachtlicher war – denn Spionen fällt es immer am schwersten, ihre Glaubwürdigkeit nachzuweisen –, daß seinen Berichten geglaubt wurde. Deshalb wurden ab Oktober nach zögerndem Beginn immer mehr Verstärkungen aus Sibirien an die Westfront gebracht, um Moskau verteidigen zu helfen. Dabei handelte es sich um Elitetruppen: gut ausgebildet, hervorragend ausgerüstet und vor allem an härteste Winter gewöhnt und entsprechend gekleidet.

Aus diesen Reserven, die sich wahrscheinlich auf insgesamt 18 Divisionen mit 1700 Panzern und 1500 Flugzeugen beliefen, konnte Schukow drei neue Armeen aufstellen – die 1. Stoßarmee, die 10. und die 20. Armee. Konew, der die neue Kalininfront befehligte, die aus der 22., 29. und 31. Armee bestand, hielt sich erfolgreich am Moskauer Meer und am Wolgakanal. Schukow hatte die Absicht, mit seinen frischen Truppen aus Stellungen nördlich und südlich von Moskau nach Westen vorzustoßen und den Deutschen bei dieser Gegenoffensive die Verluste der sowjetischen Truppen in den Kesselschlachten des vergangenen Sommers mit eigener Münze heimzuzahlen.

Der von Stalin gebilligte Angriffsplan, den der Generalstab gemeinsam mit den Frontstäben ausgearbeitet hatte, sah einen Angriff an drei Fronten vor: Kalininfront (Konew), Westfront (Schukow) und Südwestfront (Timoschenko). Der Hauptstoß sollte von Schukows Front geführt werden. An ihrem Nordflügel würden die 1. Stoßarmee und die 20. Armee, beides frische Verbände, gemeinsam mit der 13. und 16. Armee in die Stellungen der Panzergruppen vorstoßen und versuchen, sich mit der 29. und 31. Armee von Konews Kalininfront zu vereinigen. Die Mitte von Schukows Front würde offensiv genug werden, um die ihr gegenüberliegenden deutschen Truppen zu binden, während am Südflügel die 10. und 50. Armee gemeinsam mit Timoschenkos Südwestfront gegen Guderians Panzerarmee losschlagen sollten.

Die sowjetische Gegenoffensive begann am 6. Dezember, zwei Tage nachdem von Kluge, der Befehlshaber der 4. Armee, beschlossen hatte, die Angriffe vorerst einzustellen, und einen Tag nach Guderians gleichlautender Entscheidung. Anfangs kam die Gegenoffensive nicht sonderlich schnell voran, aber dann gewann sie stetig an Schwung. Im Norden gelang der tiefste Einbruch Leljuschenkos 30. Armee, die bis zur Fernstraße Moskau–Leningrad vordrang und einen Keil zwischen die Panzergruppe 3 und die 4. Armee zu treiben drohte.

Am 9. Dezember hatte sie Klin erreicht und schien mit Schukows 1. Stoßarmee zu einer Umfassungsoperation bereitzustehen. Die 16. und 20. Armee unter Rokossowski und Wlassow (ersterer sollte zum Marschall und Helden der Sowjetunion aufsteigen, letzterer als Schützling der Deutschen Oberbefehlshaber der sowjetischen Befreiungsarmee werden und nach dem Krieg in Moskau am Galgen enden) hielten mit ihnen Schritt. Am 13. Dezember hatten diese Truppen Istra wiederbesetzt.

Gleichzeitig gelangen den Guderian gegenüberstehenden Verbänden noch tiefere Einbrüche in die deutschen Stellungen. Die zu Timoschenkos Südwestfront gehörende 13. und 40. Armee waren von Süden her in den Frontvorsprung eingebrochen, den die Panzergruppe 3 seit November hielt, und bedrohten am 9. Dezember ihre Hauptnachschublinie, die Eisenbahnstrecke Orel-Tula. Gleichzeitig griffen die 10. und 50. Armee von Norden her an und weiteten den Keil aus, den sie zwischen Guderians linken Flügel und von Kluges rechten getrieben hatten. Unablässiger Druck zwang von Kluges 4. Armee, stetig nach Westen auszuweichen; er verstärkte sich ab 18. Dezember, als die 33. und 43. Armee sich der Offensive anschlossen.

Auch von den anderen sowjetischen Fronten wurden ähnliche Erfolge gemeldet. Tief im Süden war von Rundstedts (gefährlich weit auseinandergezogene) Heeresgruppe Süd aus Rostow am Don, das sie am 23. November eingenommen hatte, schon am 28. November wieder vertrieben und danach bis zum Mius zurückgedrängt worden, wo sie die Miusstellung bezogen und sich für den Winter eingegraben hatte. Im Norden eroberte Konews Kalininfront die Stadt, deren Namen sie trug, nach erbitterten Kämpfen von der deutschen 9. Armee zurück und stieß am Oberlauf der Wolga in südwestlicher Richtung nach Rschew vor.

Am Weihnachtstag des Jahres 1941 hatten die sowjetischen Armeen fast alle Gebiete wiederbesetzt, die von den Deutschen im Endstadium ihrer Moskauer Offensive erobert worden waren. Diese Offensive konnte deshalb als gescheitert gelten, was bedeutete, daß Moskau gerettet war.

Hitler war jedenfalls dieser Ansicht. Am 8. Dezember hatte er in der Weisung Nr. 39 festgestellt: „Der überraschend früh eingebrochene strenge Winter im Osten und die dadurch eingetretenen Versorgungsschwierigkeiten zwingen zu sofortiger Einstellung aller größeren Angriffsoperationen und zum Übergang zur Verteidigung."

Am 17. Dezember gab sein Propagandaapparat bekannt, daß wahrscheinlich Frontverkürzungen notwendig sein würden – ein Eingeständnis, daß der begonnene Rückzug weitergehen würde. Aber Hitler hatte nicht die Absicht, einen allgemeinen Rückzug als Reaktion auf die sowjetische Gegenoffensive zuzulassen. Obwohl viele seiner Generale um Erlaubnis baten, ihre Truppen in besser auszubauende und leichter zu versorgende Stellungen zurücknehmen zu dürfen, verbot er ihnen ausdrücklich jeglichen Rückzug und begründete sein Verbot mit der Erklärung, ein vom Oberkommando gebilligter allgemeiner Rückzug müsse unweigerlich zu einer Wiederholung der Katastrophe von 1812 führen, als Napoleons Große Armee ein Opfer der Schneestürme und der Kosaken geworden sei.

Da Hitler sich nicht darauf verlassen konnte, daß seine Kommandeure diesen strikten Haltebefehl befolgen würden, unterstrich er seine Entschlossenheit durch eine ganze Serie von Entlassungen. Die wichtigste – Brauchitsch wurde als Oberbefehlshaber des Heeres durch Hitler ersetzt – vervollständigte die von ihm seit 1934 angestrebte völlige Unterwerfung des Heeres unter seine persönliche Kontrolle. Die anderen Entlassungen sollten die bestrafen, die nach Hitlers Ansicht an der Front versagt hatten: Von Leeb und von Bock wurden beide abgelöst; Guderian, der eigenwillige, aber auch unentbehrliche Panzergeneral, verlor ebenfalls sein Kommando; Hoepner wurde entlassen und degradiert; Rundstedt wurde seines Kommandos enthoben und an die Westfront versetzt. Zum gleichen Zeitpunkt wurden 35 Korps- und Divisionskommandeure abgelöst. Solche drastischen Massenentlassungen hatte es (außerhalb Rußlands, versteht sich) nicht mehr gegeben, seitdem Joffre im Jahre 1914 die Hälfte seiner Generale ihres Kommandos enthoben hatte.

Die Parallelen zwischen der Situation der Franzosen im Jahre 1914 und der Sowjets im Jahre 1941 lassen sich ohne weiteres fortführen, da die Ursachen der anfänglichen Katastrophen, von denen die Verteidiger in beiden Fällen betroffen waren, in mancher Beziehung sehr ähnlich waren (und in anderer durchaus unähnlich). Die französische wie die sowjetische Armee gingen mit einem sehr mangelhaften Verteidigungskonzept in den Kampf. Beiden fehlte der Rückhalt, den starke Grenzbefestigungen ihrer Verteidigung hätten geben können (den Russen, weil sie fremde Gebiete vor ihrer befestigten Grenze besetzt hielten; den Franzosen, weil ihre Militärs selbst stärkste Befestigungen für wertlos hielten). Beide Staaten machten dem Angreifer die Sache zudem noch leichter als unbedingt nötig, indem sie ihre Streitkräfte so aufstellten, daß eine Staffelung in der Tiefe völlig fehlte.

Auch die Gründe für die Erholung der beiden Armeen sind in gewisser Beziehung ähnlich. Beide erschöpften ihren Gegner, indem sie es schafften, auf einem langen Rückzug nicht den Zusammenhalt zu verlieren. Beiden gelang es, die Kampfmoral ihrer Soldaten in erstaunlichem Maße zu erhalten. Und beiden diente ihre Hauptstadt als Bastion, von der aus im entscheidenden Augenblick eine rettende Gegenoffensive geführt wurde. Aber nachdem man auf diese Ähnlichkeiten hingewiesen hat, muß man sich davor hüten, allzu viele Parallelen ziehen zu wollen. So sehr die französische Armee in den Grenzschlachten und beim Rückzug an die Marne im Jahre 1914 gelitten hatte, so wenig lassen ihre Verluste und ihr unerwartet rasches Wiedererstarken sich mit den Verlusten und dem Wiederaufbau der Roten Armee vergleichen.

Fast vier Millionen Russen waren in deutsche Kriegsgefangenschaft geraten, und zwei Millionen Rotarmisten fielen oder wurden verwundet, bevor die Schlacht um Moskau begann. Daß die Überreste der Roten Armee sich genug Kraft und Zuversicht bewahrten, um den Kampf erneut aufzunehmen, den deutschen Vormarsch zum Stehen zu bringen und die Eindringlinge schließlich zurückzuschlagen, bewies die enorme Widerstandsfähigkeit der Russen, ihre tiefe Vaterlandsliebe und den Haß, zu dem die Deutschen sie bereits getrieben hatten.

Trotzdem befand die Rote Armee sich nach der Schlacht um Moskau noch nicht einmal am Anfang der Siegesstraße. Den Russen stand ein weiteres Jahr voller Leiden, Niederlagen und Rückzüge bevor, das sie durchstehen mußten, bevor sie nach Westen marschieren konnten, um die verbrannte Erde ihrer Heimat wieder in Besitz zu nehmen und die Überlebenden der deutschen Besetzung zu befreien.

Ortsregister

Namensregister

Sachregister